AF205193

Himmelsgedanken

ৰ০৫৪

Gedichte
von
Karl May

Reprint der ersten Buchausgabe Freiburg 1900.
Mit einer Nachbemerkung herausgegeben von
Ralf Schönbach

Bibliografische Information der Deutschen Nationalbibliothek:
Die Deutsche Nationalbibliothek verzeichnet diese Publikation
in der Deutschen Nationalbibliografie; detaillierte bibliografische
Daten sind im Internet über http://dnb.dnb.de abrufbar.

Herausgeber: © 2018 Ralf Schönbach, Hennef
(Dies ist nach 2005 die zweite Auflage dieses Reprints.)
Herstellung und Verlag: BoD – Books on Demand,
Norderstedt
ISBN: 978-3748156420

Himmelsgedanken

❧

Gedichte

von

Karl May

Freiburg i/B.
Friedrich Ernst Fehsenfeld

Druck der Hoffmannſchen Buchdruckerei in Stuttgart.

Widmung.

Ich fragte zu den Sternen
　　Wohl auf in stiller Nacht,
Ob dort in jenen Fernen
　　Die Liebe mein gedacht.
Da kam ein Strahl hernieder,
　　Hell leuchtend, in mein Herz
Und nahm all meine Lieder
　　Zu dir, Gott, himmelwärts.

Ich fragte zu den Sternen
　　Wohl auf in stiller Nacht,
Warum in jene Fernen
　　Er sie emporgebracht.
Da kam die Antwort nieder:
　　„Denk nicht an irdschen Ruhm;
Ich lieh dir diese Lieder;
　　Sie sind mein Eigenthum!"

Ich fragte zu den Sternen
　　Wohl auf in stiller Nacht:
„Gilt dort in jenen Fernen
　　Auch mir die Himmelspracht?"
Da klang es heilig nieder:
　　„Du gingst von hier einst aus
Und kehrst wie deine Lieder
　　Zurück ins Vaterhaus!"

Meine Legitimation.

Grüß Gott, du liebes Tröpflein Thau!
  So einen Schmuck giebt es wohl nimmer:
Von jedem Hälmchen auf der Au
  Spitzt es wie Diamantenschimmer.
Entstammt der Erde, harrst du froh
  Dem holden Morgenlicht entgegen,
Tränkst deinen Halm und wirst ihm so
  Nicht nur zur Zierde, auch zum Segen.

☙

Kommt dann aus gold-brokatnem Thor
  Die Königin des Tags gestiegen,
So strebst du sehnsuchtsvoll empor,
  Dich ihrem Strahle anzuschmiegen.
Du fühlst, du bist ihr unterthan,
  Du kannst nicht ohne sie bestehen
Und wirst gezogen himmelan,
  In ihrem Kusse aufzugehen.

Ein folches Tröpflein bin auch ich
　　Am Lebensmorgen einft gewefen,
Ein Tröpflein, das den andern glich,
　　Nicht auserwählt, nicht auserlefen.
Ich hing nicht hoch, ich wurde nicht
　　Von einer Rofe ftolz getragen;
Tief unten fah ich auf zum Licht
　　Und durfte kaum zu hoffen wagen.

Da ftieg fie auf, fo himmlifch klar,
　　So gnadenreich, voll Welterbarmen,
Und mich trieb es fo wunderbar,
　　Mit ihr die Menfchheit zu umarmen.
Es war, als ob ich beten müßt:
　　„O komm, und ftille mein Verlangen!"
Da hat die Liebe mich geküßt,
　　Und ich bin in ihr aufgegangen.

Inhalt.

———

Himmelsgedanken.

Ragende Berge.

Ich sehe Berge ragen
　　Dort an der Steppe Rand.
Es soll mein Fuß mich tragen
　　Hinauf ins beff're Land.
Dort ladet, wie ich glaube,
　　Zur Ruhe man mich ein,
Und von dem Wanderstaube
　　Werd ich gereinigt sein.

❦

Ich sehe Berge ragen
　　Empor zum geistgen Ziel.
Es thürmen sich die Fragen,
　　Doch frage ich nicht viel.
Es wird ja doch beim Steigen,
　　Halt ich zuweilen an,
Sich ganz von selber zeigen,
　　Wie weit ich schauen kann.

Ich sehe Berge ragen
    Bis in des Lichtes Reich.
Der Glaube wird mir sagen
    Den Weg, den rechten Steig.
Dort find ich offne Thüren;
    Mein Engel tritt heraus
Und wird mich weiter führen
    Bis in das Vaterhaus.

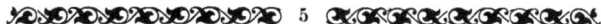

Der Himmelsglaube ist nicht Wahn und bringt
nicht Wahn, sondern er erlöst vom Wahn.

Gottesgedanke.

Ich bleib dir treu. Du wardst mit mir geboren
   Als mein Begleiter für das Erdenthal.
Wir gingen uns niemals, niemals verloren;
   Ich war die Welt; du warst mein Sonnenstrahl.
Ja, ich die Welt! Es ist der Schöpfung Ganzes
   Im Menschen klein, doch völlig dargestellt,
Und athmet es im Lichte deines Glanzes,
   So ist es eine große, schöne Welt.

❦

Ich bleib dir treu. Es wechselten die Zeiten
   Es kamen Jahre, Monde, Tag und Nacht.
Sie waren Bilder einstger Ewigkeiten,
   Und du hast sie verständlich mir gemacht.
Ich leb ein äußres und ein innres Leben,
   Eins mehr für hier, das andre mehr für dort,
Und soll ich beiden Ziel und Richtung geben,
   So find ich nur durch dich das rechte Wort.

Ich bleib dir treu, du herrlicher Gedanke,
　　Daß Gott auch meine kleine Welt regiert.
Vor dir fällt jede, auch die letzte Schranke,
　　An welcher selbst der Muth den Muth verliert.
Du warst die einzge Leuchte mir auf Erden
　　Und wirst sie mir für ewig, ewig sein.
Wer darnach trachtet, selig einst zu werden,
　　Der wird es nur durch dich, durch dich allein.

Sich vom Bösen befreien, ist das Schwerste,
was es giebt, öffnet aber die Seligkeit.

Liebe.

Es ward vom Herrn ein großes Wort geschrieben,
 Wie größer es kein andres, zweites giebt:
Wer Liebe finden will, muß selbst auch lieben,
 Weil nur empfangne Liebe wiederliebt.
Und bliebe sie auch ohne Gegenspende,
 So ist sie ja die ewge Gotteskraft,
Die aus sich selbst heraus und ohne Ende
 Sich stete Fülle, neue Gaben schafft.

＊

Es ward vom Herrn ein großes Wort geschrieben,
 Wie größer es kein andres, zweites giebt:
Nur der versteht es, recht und wahr zu lieben,
 Der die empfangne Liebe weiterliebt.
So soll von Sieg zu Sieg sie stetig streben,
 Allgegenwärtig wie der Sonnenschein,
Zur Allmacht werden auch im Erdenleben
 Und die Befreierin der Menschheit sein.

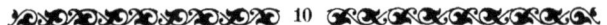

Es ward vom Herrn ein großes Wort geschrieben,
  Wie größer es kein andres, zweites giebt:
Einst wird das Kind so, wie der Vater lieben,
  Die Kreatur so, wie der Schöpfer liebt.
O Gott, o Liebe, nimm mich ganz zu eigen;
  Ich gebe mich dir durch dich selber hin.
Führ mich in dich, und laß zu dir mich steigen,
  Bis einst ich auch nur Liebe, Liebe bin!

Große Gedanken sind Thaten Gottes, von
ihm der Menschheit zur Materialisation übergeben.

Ewig.

Ihr sucht und sucht: „Wo ist die Ewigkeit?"
  „Jenseits des Todes! Ueber unsern Sternen!
Hier ist die Zeit, und grad nur in der Zeit
  Hat für das ewge Leben man zu lernen.
Hier sind die Jahre, Monde, Tage, Stunden;
  Wir leben nach des Uhrenzeigers Lauf.
Hat er die Zwölf, die Mitternacht, gefunden,
  So kommt die Ewigkeit, die Zeit hört auf."

So wird von euch gesprochen und gedacht;
  So hören es die Schüler von den Meistern,
Und während Einer frech darüber lacht,
  Läßt sich der Andere davon begeistern.
Ihr meint, die Ewigkeit sei nur zu glauben,
  Sei eine Zweifelssache, ein Vielleicht,
Und sendet aus der Arche eure Tauben,
  Von denen keine auf zur Wahrheit steigt.

So hört es denn: Die Ewigkeit ist dort,
  Ist hier, ist vor und nach euch, allerorten,
Der Zeitenraum, der grenzenlose Ort,
  Der nur im Wechsel endlich ist geworden.
Sobald die ewge Liebe schöpfrisch handelt,
  Hat ihren Rathschluß sie in Form gebracht
Und die Unendlichkeit in Zeit verwandelt,
  Doch diese Zeit als ewig sich gedacht.

So lebt ihr also in der Ewigkeit;
  Euch ward die Gnade, sie als Zeit zu fassen.
Benützt ihr sie, so wird als Seligkeit
  Der Herr sie euch für ewig, ewig lassen.
Wer dies nicht thut, dem steht der Abgrund offen,
  Aus dem die Erdenstunde ihn gebar,
Und nur vom Himmel ist für ihn zu hoffen,
  Daß er das wieder wird, was hier er war.

Ruinen sind Reste steinerner Hieroglyphen=
schrift. Wer sie zu lesen und die an sie noch ge=
fesselten Gedanken zu befreien versteht, der hat
einen Blick in die Gerichtssitzung des jüngsten Tages
gethan.

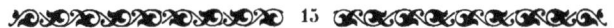

Gottesstunde.

Du rechnest nach der Zeit der Erde
  Und ahnst noch nichts von Himmelszeit.
Nach welcher Gott wohl rechnen werde,
  Darüber weißt du nicht Bescheid.
Zwar hast du dem metallnen Munde
  Die irdschen Zeichen eingeprägt,
Doch hörst du nicht die wahre Stunde,
  Die tief in deinem Innern schlägt.

❦

Durch deine Zeit ward dir geboren
  Des Lebens ganze, schwere Last;
Die wahre Zeit ging dir verloren,
  Weil du sie nicht begriffen hast.
Nun schmerzt dich manche, manche Wunde,
  Doch machte keine noch dich klug:
Du hast versäumt die Gottesstunde,
  Als sie in deinem Innern schlug.

Will's Gott in seiner Gnade geben,
　Daß sie dir nochmals schlagen mag,
So trittst du in ein neues Leben
　An deinem ersten Himmelstag.
Nur lausche, lausche stets der Kunde,
　Die dir sein Engel abwärts trägt;
Versäume nicht die Gottesstunde,
　Wenn wieder an dein Herz sie schlägt!

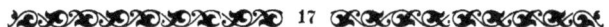

Der wichtigste Tag deines jetzigen Lebens ist der allerletzte, der Todestag; aber der entscheidendste kann vor diesem schon jeder andere gewesen sein.

Werdet frei!

Werdet frei! Ihr windet euch in Ketten,
   Und der Glaube nur kann euch befrein.
Werdet frei! Gott möchte gern euch retten,
   Aber grad durch ihn wollt ihrs nicht sein.
Ists so schwer, Verehrung dem zu zollen,
   Der da war und ist in Ewigkeit?
Werdet frei! Ihr braucht es nur zu wollen;
   Werdet frei, die ihr jetzt Sklaven seid!

Kam der Hauch des Herrn zur Erde nieder,
   Daß des Fleisches Ackerknecht er sei?
Oeffnet ihm die Heimatspforte wieder;
   Macht ihn vom Gesindedienste frei!
Längst schon ist des Himmels Ruf erschollen;
   Ihn zu hören, ists nun höchste Zeit.
Werdet frei! Ihr braucht es nur zu wollen;
   Werdet frei, die ihr jetzt Sklaven seid!

Hält die Fremde euch denn so gefangen,
    Daß ihr eure Heimat nicht mehr kennt?
Könnt ihr nicht mehr zu dem Wort gelangen,
    Welches euch beim rechten Namen nennt?
Wenn sie es euch offenbaren sollen,
    Sind viel heil'ge Stimmen gern bereit.
Werdet frei! Ihr braucht es nur zu wollen;
    Werdet frei, die ihr jetzt Sklaven seid!

Es giebt ein Geben, welches nimmt, und es
giebt ein Nehmen, welches wie eine liebe Gabe
erfreut.

Mein Himmel.

Wie ist der Himmel doch so weit
   Entfernt von mir mit seinen Sternen!
Er baut zur Grenzenlosigkeit
   Sich auf durch unmeßbare Fernen.
Es reicht mein schwacher Blick nicht hin,
   Mir nur die nächste Welt zu zeigen;
Ich fühle, daß ich Erde bin,
   Nicht wert, zu ihr empor zu steigen.

❦

Wie ist der Himmel doch so nah!
   Er strahlt in mir mit tausend Sternen.
Fühl ich ihn nicht, er ist doch da;
   Ich muß ihn nur erfassen lernen.
Die ganze Unermeßlichkeit
   Der Liebe darf ich in mir tragen;
Es hemmt sie weder Raum noch Zeit,
   Mich auf zu Gott, dem Herrn zu tragen.

Unendlich und doch endlich ist
  Der Himmel um die kleine Erde,
Doch du in meinem Herzen bist
  Der, den ich ewig haben werde.
Was andern Himmeln drohen mag,
  Dir hat es nicht und nie zu gelten:
Für dich giebts keinen letzten Tag
  Und keinen Untergang der Welten.

Wie ist der Himmel doch so weit,
  Und wie so nahe kann er liegen,
Wenn über unsre Blödigkeit
  Der Glaube und die Liebe siegen.
Ich blick empor; ich schau in mich;
  Dort darf ich nichts, hier Alles hoffen.
Mein Gott und Herr, ich bitte dich,
  Erhalt mir diesen Himmel offen!

Der Himmel klopft öfterer bei uns an als
wir bei ihm.

Sternensprache.

Schau auf, schau auf zum Firmament,
　Und laß von ihm dir zeigen:
Von allen Sternen, die ihr kennt,
　Hat keiner Licht zu eigen.
Trotz ihrer Größe, ihrer Zahl
　Sind sie nur Lichtverbreiter;
Ein jeder nimmt des andern Strahl
　Und giebt ihn folgsam weiter.

Der einz'ge Sonnenquell des Lichts
　Ist des Allmächt'gen Liebe,
Und selbst auch diese wäre nichts,
　Wenn sie nicht leuchtend bliebe.
Sie geht im Strahlenkleide aus,
　Sich selbst der Welt zu geben,
Macht jeden Stern zu Gottes Haus
　Und küßt ihn wach zum Leben.

Schau auf, schau auf zum Sternenzelt,
  Und laß von ihm dir sagen:
Die Liebe wird von einer Welt
  Der andern zugetragen.
Giebt sie ein Stern dem andern nicht,
  Weil er Gott nicht verstanden,
So ist er für sie ohne Licht
  Und also nicht vorhanden.

Die Liebe ist die einzige wirkliche Macht; alles
Andere ist entweder Gewaltthätigkeit oder Ver-
schlagenheit.

Sternschnuppe.

Es fiel ein Stern, habt ihr gedacht,
   Aus weiten, unbekannten Fernen.
Ging unter er in dunkle Nacht?
   Blieb er am Himmel bei den Sternen?

Ists eine Welt, die im Entstehn
   Sich Kraft und Stoff zu holen strebte?
Wars eine Welt, die im Vergehn
   Durchs Leuchten sich zu Ende lebte?

Das werdet ihr vielleicht, vielleicht
   Durch eure Rohre noch ergründen,
Jedoch wer ihren Weg ihr zeigt,
   Kann nur der Glaube euch verkünden.

Die Auferstehung geschieht nicht erst nach dem Tode, sondern schon hier. Jeder Gedanke, welcher sich vom Irdischen löst, um zum Himmel zu streben, ist Auferstehung und Himmelfahrt zugleich.

Sternkunde.

Ich sah dich oft in stiller Nacht.
Du nahmst ins Rohr des Himmels Sterne
   Und hast darüber nachgedacht,
Wie man sie wohl ergründen lerne.

Ists um die Körper dir zu thun,
So magst du deiner Forschung leben.
   Die Wissenschaft darf nimmer ruhn;
Es ist ihr Schweres aufgegeben.

Doch weiter, weiter trachte nicht;
Die Allmacht läßt sich nicht bestehlen.
   Gott gab den Sternen zwar das Licht,
Sie zu ergründen, wird dirs fehlen.

Der Weg zum rechten, wahren Schaun
Steigt nicht empor auf Prismenstrahlen.
    Es ist da Andres aufzubaun
Als Logarithmen-Dezimalen.

✤

Den großen Weltzusammenhang
Regiert allein die Hand des Einen,
    Durch die sich wie ein Lobgesang
Die Sphärentöne hell vereinen.

✤

In seiner Wunder ewgem Reich
Ist keines seiner Schöpfungsworte
    Und nie ein Ton dem andern gleich
Und doch harmonisch im Akkorde.

✤

Willst du ein Intervall verstehn
Von deinem Standpunkt aus, der Erde,
    So mußt du bittend zu ihm gehn,
Ob er es dir erlauben werde.

✤

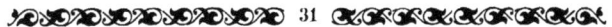

Dann lausche demuthsvoll und still,
Dein ganzes Sein ihm zugewendet,
Bis er dein Flehn erhören will
Und einen seiner Boten sendet.

Der nimmt und trägt dich hoch empor,
Wo keine Gegenklänge stören,
Und dann wirst du im Weltenchor
Die Stimme deines Sternes hören.

Die Menschheit lebt das Leben des Einzel=
menschen — — — und er das ihrige.

Bitte.

Geh hin, mein Herz, und kniee nieder,
Und sprich: „Nimm mich, o Vater, wieder!"
    Im Himmel war ich mir zu klein;
    Ich wollte Herr der Erde sein,
Und um sie ganz und ganz zu erben,
Gab ich den kühnen Preis, zu sterben.

Geh hin, mein Herz, und kniee nieder,
Und sprich: „Nimm mich, o Vater, wieder!"
    Mir war zu eng die Ewigkeit;
    Ich trat als Sünder in die Zeit
Und hab in keiner ihrer Stunden
Das, was ich mir versprach, gefunden.

Geh hin, mein Herz, und kniee nieder,
Und sprich: „Nimm mich, o Vater, wieder!"
    Ich war verblendet, war bethört,
    Als ich mich gegen dich empört,
Und will es niemals wieder wagen,
Dich nach dem Herrscherrecht zu fragen.

Geh hin, mein Herz, und kniee nieder,
Und sprich: „Nimm mich, o Vater, wieder!"
   Jetzt ist die Erde mir zu klein;
   Ich will im Himmel wieder sein
Und bin bereit, um ihn zu erben,
Dem Irdschen wieder abzusterben.

Die Erde nimmt ohne Dank; Dank kennt nur der Himmel.

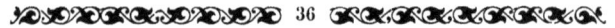

Gottesmahnung.

Gieb mir, o Mensch, was mir gehört,
   Und gieb der Welt, was sie dir borgte,
So ist sofort der Wahn zerstört,
   Daß sie mehr als ich für dich sorgte.

Du bist aus deinem Vaterland
   Als Gast zu ihr hinabgegangen
Und hast dafür aus ihrer Hand
   Nichts als die Sünde nur empfangen.

Nun will sie durch die Gleisnerin
   Dich fest und fester an sich binden.
Es soll des Kindes Heimatsinn
   Das Vaterhaus nicht wiederfinden.

Drum gieb die Sünde ihr zurück,
   Und mach dich frei von ihren Ketten;
Bei mir liegt all dein Heil, dein Glück,
   Und nur die Umkehr kann dich retten.

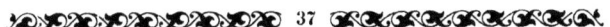

Es giebt keinen Tod für den, der ihn nicht zu fürchten braucht.

Hinauf — hinab.

Hinauf zu dir will ich nur immer denken,
　　Hinauf zu dir, der ewig mein gedenkt.
Zu dir, will meinen Flügelschlag ich lenken,
　　Zu dir, der all mein Sehnen zu sich lenkt.
Es sind nicht stolze Höhen zu ersteigen
　　Es ist kein Flug, wie der Phantast ihn liebt,
Und doch gilt es, das Höchste zu erreichen,
　　Was es auf Erden für den Himmel giebt.

❧

Hinab in mich will ich nur immer denken,
　　Wo es so falsch, so irrig für mich denkt.
In mich hinab will meine Kraft ich senken,
　　Der andern nach, die sich dorthin gesenkt.
Es sind nicht grauf'ge Tiefen zu ergründen,
　　So weit hinab wie vorher himmelan,
Und dennoch ist der Abgrund unsrer Sünden
　　Das grausig Tiefste, was es geben kann.

Hinauf, hinab will ich nur immer denken,
   So wie man dort ja meiner stets gedenkt;
Dann werd ich mir das Allerhöchste schenken,
   Nachdem ich mir das Tiefste, mich, geschenkt.
Es ist nicht schwerer Rätsel Sinn zu lösen;
   Es stürzt kein Himmel, keine Erde ein;
Nur möchte ich mich reinigen vom Bösen
   Und gern ein Mensch nach Gottes Willen sein.

Ift es denn fo ſchwer, anzunehmen, daß vor,
hinter und rund um uns die Ewigkeit liegt, von
welcher unſere Zeit nicht einmal ein ganzes kleines
Tröpflein iſt? Wir leben alſo mitten in der Ewig=
keit, und nur der Sprachgebrauch verſetzt uns in
die willkürlich ſkandierte Dauer, der wir den Ver=
legenheitsnamen Zeit gegeben haben.

Gnade.

Steig nieder, liebes, heilges Wunder,
  Das ich gern fassen möcht und doch nicht kann.
Senk dich zu mir, in mich herunter,
  Und zünd in mir des Altars Kerzen an.
Sie harren dein, schon lange dir bereit;
O komm, o komm, es ist wohl an der Zeit!

Steig nieder, liebes, heilges Wunder,
  Das ich gern fassen möcht und doch nicht kann.
Bring deinen Himmel mir herunter,
  Und zünd am meinigen die Sterne an.
Sie harren dein, schon lange dir bereit,
Und sollen leuchten bis in Ewigkeit.

Steig nieder, liebes, heilges Wunder,
  Das ich gern fassen möcht und doch nicht kann.
Dann geht zwar dein Geheimnis unter,
  Doch bricht für mich der Tag des Schauens an;
Im Jubelton erschallt der Selgen Chor,
Und du trägst mich zum Wiedersehn empor.

Wer sein altes Heim verläßt, pflegt vorher für ein neues zu sorgen. Wirst du dir, wenn du stirbst, eine himmlische Wohnung gesichert haben?

Ade.

Ich gehe fort, und dennoch geh ich nicht.
  Ade, mein Heim, und doch auch nicht ade!
Ich scheide zwar, doch leist ich nicht Verzicht,
  Daß ich dich einst nach Jahren wiederseh.
Ob dich mein Fuß für eine Zeit verläßt,
Du hältst doch meine ganze Seele fest.
  Ans Land, wo meine Wiege einst gestanden,
  Bleib ich gekettet mit geheimen Banden.

❦

Ich gehe fort, und dennoch geh ich nicht.
  Ade, lieb Mütterlein, und nicht ade!
Ob auch der Mund das Wort des Abschieds spricht,
  Das Herz weiß doch, daß ich nicht von dir geh.
Treibt das Geschick mich in die Welt hinaus,
Es scheint nur so; ich bleib bei dir zu Haus.
  Wohl mag der Gram mein Gehn ein Scheiden nennen,
  Die Ferne kann nie Sohn und Mutter trennen.

Ich gehe fort, und dennoch geh ich nicht.
  Ade, ihr Lieben, und doch nicht ade!
Trägt mich der Tod jetzt auf zum ewgen Licht,
  Wißt, daß unsichtbar stets ich bei euch steh.
Von Gott zu eurem Schutz herabgesandt,
Halt über euch ich meine treue Hand.
  Es stirbt der Körper nur, und nach dem Tode
  Wird mein Gebet für euch ein Himmelsbote.

Jeder Menſch iſt Schöpfer einer eigenen Welt.
Seine Thaten ſind die feſten, ſeine Worte die flüſſigen,
ſeine Gedanken die imponderabilen Beſtandteile
dieſer Welt. Er ſchafft ſie ſich nicht bloß für hier,
ſondern wird ſich auch in jenem Leben nicht von
ihr losſagen können.

Heilesbotschaft.

Es ging ein Heil von oben aus,
Vom Paradies, vom Vaterhaus.
  Die Engel trugen es zur Erde,
  Damit es uns zu eigen werde.

Doch bleibt dem menschlichen Verstand
Die Gottesbotschaft unbekannt,
  Weil er das, was er denkt und dichtet,
  Nach außen, nicht nach innen richtet.

Er faßt in seiner Prosa nicht
Des Himmels herrlichstes Gedicht.
  Zum Herzen nur ist es gekommen
  Und wird von ihm allein vernommen.

Die Frage, wo das Paradies einst gelegen hat,
soll uns nicht quälen. Sobald die Gnade Gottes
es uns wieder öffnet, werden wir seine Thore
ragen sehen.

„Vater!"

Komm her, und sprich ein einzig Wort,
   Ein Wort, so kinderleicht zu sagen.
Komm her, und geh nicht wieder fort;
   Du brauchst vor mir ja nicht zu zagen.
Ich warte schon so lange dein;
O laß es nicht vergeblich sein!

***

Du sprachst als Kind dies liebe Wort
   So oft und gern, wenn du gelitten;
Es ward gehört am rechten Ort:
   Das Vaterherz ließ sich erbitten.
Wie ist dies Wort so klein, so klein,
Und doch kann keines größer sein.

***

Nun bist du längst das Kind nicht mehr,
   Das du einst warst in jenen Tagen,
Und wie so lang ist der nicht mehr,
   Dem du dein Leiden durftest klagen.
Er ging; doch trat ich für ihn ein;
Die Liebe kann nicht sterblich sein.

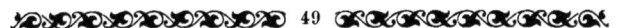

Drum sprich dies Wort nun auch zu mir;
　Es kann dir doch so schwer nicht fallen.
O, hörtest du's im Himmel hier
　Von aller Sel'gen Mund erschallen!
Sprich „Vater", nur dies Wort allein,
Und ich will dir es ewig sein!

Ohne Tod kein Leben. Das wahre, gesunde Leben ist ein immerwährendes Absterben und Ausscheiden des Unbrauchbaren, um dem Brauchbaren Platz zu machen. Aber ist es erlaubt, dieses Absterben Tod zu nennen?

Läuterung.

Geh hin, und schau in dich hinein
  Bis in die tiefsten Herzensfalten;
Dann stellt sich die Erkenntniß ein:
  Du mußt dich gänzlich umgestalten.
In Gottes Buche steht ein Wort:
  „Es sei denn, du wirst neu geboren,
So sinkst du hier und bist für dort
  Und für die Seligkeit verloren.“

⁂

Geh hin, und bitte Gott, den Herrn,
  Er wolle gnädig dir verzeihen.
Er thut es; ja, er thut es gern,
  Ob auch der Fehler viele seien.
Doch wer vielleicht sich darauf stützt,
  Daß Gottes Gnade Alles wende,
Und seine Zeit und Kraft nicht nützt,
  Für den geht plötzlich sie zu Ende.

Geh hin, und sündige nicht mehr;
   Dir ward sehr viel, sehr viel vergeben.
Wird dir die Läuterung zu schwer,
   So fehlt der Ernst, sie zu erstreben,
So sehr du dich dagegen bäumst,
   Zum Scherz bist du hier nicht auf Erden,
Und Alles, was du jetzt versäumst,
   Muß nachgeholt, gebüßt einst werden!

Wer den Maßstab des Endlichen an das Un=
endliche legt, um es zu erforschen, dem wird bei
seinem vergeblichen Bemühen auch noch dieses Maß
verloren gehen.

Wohlthätigkeit.

Streckt sich bittend dir entgegen
   Eines Bettlers arme Hand,
Sei ein Theil ihr von dem Segen,
   Der dir wurde, zugewandt.

Güter, die dir Gott gegeben,
   Sind für Andre dir geliehn,
Und nur was du für das Leben
   Brauchst, sollst du davon beziehn.

Gehst du dennoch da vorüber,
   Wo Erbarmung nöthig ist,
O, so denke dort hinüber,
   Wo du auch nur Bettler bist!

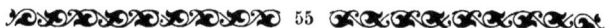

Sollte es wirklich wahr sein, daß es Menschen giebt, welche sich mit Anstrengung aller ihrer Logik bemühen, den Geist in das Reich der Fabel zu verweisen, und aber doch sich selbst für bedeutende Geister halten?

Verzeihen.

Vergieb, mein Herz, so wird auch dir vergeben;
　　Nie trage nach; nie pflege deinen Zorn!
Es strömt aus dir im Blute mir das Leben;
　　Für Andre sei ein steter Freudenborn.
Gott machte dich so reich, so reich an Habe,
　　Doch meine nicht, sie sei für dich allein.
Indem du giebst, empfängst du selbst die Gabe;
　　Die allerschönste aber ist — — — verzeihn.

⁂

Vergieb, mein Herz, so wird auch dir vergeben;
　　Denk nicht, du stehest nicht in Andrer Schuld!
Wie lange willst du in derselben schweben?
　　Wie oft verlangst du, und wie viel, Geduld?
Des Nächsten Conto hältst du aufgeschlagen
　　Und stöberst seinem Soll und Haben nach;
Geh einmal hin, um bei ihm anzufragen,
　　Wie's mit dem deinigen wohl stehen mag!

Vergieb, mein Herz, so wird auch dir vergeben;
　　Schau doch empor, und sag, du zitterst nicht!
Du magst es noch so sehr zu leugnen streben,
　　Da oben wartet deiner das Gericht.
Dann wirst du nicht nach deinem Maß gemessen,
　　Nach welchem du dir so gerecht erscheinst;
Drum wolle ja die Mahnung nie vergessen:
　　„Vergieb mein Herz!"　Das rettet dich dereinst!

Warum übt der Orient auf unsern Geist und unser Herz eine so große Anziehungskraft aus? Aus demselben Grunde, welcher Rückert trieb, sein Lied „Aus der Jugendzeit" zu dichten.

Dein Auge.

Hüte dein Auge; bewache es immer,
    Denn deine Seele, sie zeigt sich darin,
Sei es in sanftem, erbarmendem Schimmer,
    Sei es verdüstert von grollendem Sinn.
Gutes und Böses bereiten die Hände;
    Segen und Fluch, sie entquellen dem Mund;
Aber durch wundergeheime Verbände
    Thun sie vorher schon im Blicke sich kund.

✻

Hüte dein Auge; bewache es immer,
    Nicht wegen Anderen, sondern für dich.
Täuscht dich sonst Alles, das Auge trügt nimmer,
    Denn auch nach innen entschleiert es sich.
Prüfe dich fleißig, so wirst du entdecken,
    Daß jede Regung ins Aug sich verirrt,
Um dort verräth'rische Lichter zu wecken,
    Ehe zum Worte, zum Werke sie wird.

Hüte dein Auge; bewache es immer,
　Halte es stetig in sorgender Hut.
Fühlst du im Blick einen glühenden Flimmer,
　Warte und schweig, denn — — du bist jetzt nicht gut.
Warte und schweig, bis ein besseres Regen,
　Welches die sündige Wallung vertrieb,
Zeit gewann, sich in dein Auge zu legen;
　Dann rede frei, denn — — du bist wieder lieb.

Stoff und Kraft sind nicht Zweierlei, sondern
er ist ihre Materialisation, welche durch Auflösung
wieder zur Kraft wird. Die häßliche Kohle ver=
wandelt sich, indem sie durch das Verbrennen in
Kraft übergeht, in helles Licht, wohlthätige Wärme
und lebensvolle Bewegung.

Güte.

Streu Blumen aus auf deinem Lebenspfad;
   Sie sind dir ja dazu gegeben!
Dies Blumenstreuen ist die beste Saat
   Zur Ernte schon in diesem Leben.
Es kehrt ein jedes, auch bescheidnes Glück,
   Nachdem es wo ein Leid geendet,
Gewiß verdoppelt und sehr bald zurück
   Zu dem, der liebreich es gespendet.

Streu Blumen aus auf deinem Erdenpfad;
   Sie sind dir ja dazu gegeben!
Dies Blumenstreuen ist die beste Saat
   Zur Ernte auch in jenem Leben.
Es bleibt die Saat der Liebe ewig grün,
   Und ihre Blumen welken nimmer;
Sie werden dir einst schon entgegenblühn
   Beim ersten Himmels=Morgenschimmer.

Streu Blumen aus auf deinem Erdenpfad;
   Sag nicht, du seist zu arm zum Geben!
Gelegenheit ist stets zur Liebesthat,
   Und Blumen hat das ärmste Leben.
Meinst du, es müssen immer Rosen sein?
   Gott kennt ja jede, jede Blüte.
Er fragt nicht, ob die Gabe groß, ob klein,
   Er mißt sie nur nach deiner Güte.

Es ist selbstverständlich, daß die forschende
Wissenschaft Alles zergliedert, was Glieder hat;
aber es ist unerfindlich, aus welchem Grunde der
Psycholog auch die Seele wie ein Gliederthier be-
handelt.

In die Berge.

Schon weicht das Flache hinter mir;
  Die Ebene beginnt, zu steigen.
So naht das Herz, Jehovah, dir,
  Wenn hinter ihm die Zweifel weichen.

Es ist, als ob am Horizont
  Ich Bergesspitzen leuchten sähe.
So reinigt, läutert, wärmt und sonnt
  Die Seele sich in Himmelsnähe.

Hinauf, hinauf! Ich raste nicht;
  Ich darf und mag nicht unten bleiben.
Mein frömmstes, herzlichstes Gedicht
  Will ich beim Glühn der Alpen schreiben.

Dann werde ich es heimlich, still,
  In einem Kirchlein niederlegen;
Vielleicht gereicht's, so Gott es will,
  Dem, der es findet, dann zum Segen!

5

Ihr kämpft um den Besitz dieser und streitet Euch über das Vorhandensein jener Welt, und doch ist es grad Euer Unfriede, welcher Euch verhindert, diese zu besitzen und jene zu erkennen.

Empor.

Herr, gieb mir Schwingen, aufzusteigen
   Aus dunkler Nacht zum hellen Licht!
Du willst mir deinen Himmel zeigen,
   Und ich, ich komm und komme nicht.
Es halten mich die Eigenschaften
   Des Staubes an der Erde hier;
Ich aber will nicht unten haften:
   Hilf mir hinauf, hinauf zu dir!

          ❧

Herr, gieb mir Schwingen, aufzusteigen
   Aus dunkler Nacht zum hellen Tag!
Wie lange Zeit soll noch verstreichen
   Bis zu dem ersten Flügelschlag?
Soll bei der starren, irdschen Schwere
   Dies mein Gebet vergeblich sein,
So sende deiner Engel Heere,
   Daß sie mir ihre Flügel leihn!

Ja, gieb mir Schwingen, aufzusteigen — — —
O Herr, ich steig, ich steige schon!
Ich seh die Nacht dem Tage weichen
Und nähere mich deinem Thron.
Hinweg mit allen meinen Klagen,
Denn was ich bat, das ist geschehn:
Ich fühle mich emporgetragen
Und werde deinen Himmel sehn!

Warum war deine Kindheit ein irdisches Para=
dies für dich? Weil du keine Sorge zu haben
brauchtest, denn der Vater sorgte für dich. Und
doch verzichtest du auf ein viel herrlicheres Para=
dies, indem du deine Gottesheimath verleugnest und
deine irdischen Sorgen höher stellst als die himm=
lischen des Vaters!

Ergieb dich drein.

Ergieb dich drein, du liebes Menschenkind,
Daß deine Wege nicht die meinen sind.
  Es kann nicht Alles so, wie du willst, sein;
  Du bist nicht Herr; ergieb dich ruhig drein!

Ergieb dich drein, und forsch und hadre nicht;
Thu, was die heilge Stimme in dir spricht.
  Sie flüstert dir das einzig Richtge ein;
  Sie täuscht dich nicht; ergieb dich ruhig drein!

Ergieb dich drein. Beschwerlich ist der Steg,
Der deiner harrt, fernab vom breiten Weg.
  Schlägst du ihn ein, schlägst du ihn gläubig ein,
  So wird er dir ein Pfad zum Himmel sein!

Der Körper des Menschen soll sich nach dem Tode langsam unter der Erde auflösen, damit alle seine Bestandteile Zeit finden, die ihnen bestimmte, neue Verbindung einzugehen. Das vorschnelle Verbrennen im Crematorium aber ist keine Auflösung sondern eine gewaltsame Verwandlung in Asche, bei welcher wichtige Imponderabilien dem Uebergange in eine Daseinsform entzogen werden, an der wir uns nicht versündigen sollten. Beim Tode hat nicht der Anatom und nicht der Chemiker das erste und das letzte Wort zu sprechen.

Das Gewissen.

Was thatest du, als ich dich einstens bat,
Nach Gottes Wohlgefallen nur zu streben?
Ich wollte dir das Glück des Lebens geben;
   Nun aber sag, was galt dir da mein Rath?

Was thatest du, als ich dich einst belehrt,
Daß deine Wege falsche Wege seien?
Ich wollte dich vom Bösen gern befreien;
   Nun muß ich fragen: Hast du dich bekehrt?

Was thatest du, als ich dich dann verließ?
Ich glaubte wohl, du werdest mich vermissen
Und reuevoll um mich zu bitten wissen;
   Nun frag ich dich: Was hat geholfen dies?

Jetzt komme ich ein letztes Mal zu dir
Und frage dich: Wozu bist du geboren?
Hörst du auch diesmal nicht, bist du verloren;
   Ich bin es, dein Gewissen. Folge mir!

Die Phantasie ist etwas ganz Anderes, als Ihr im gewöhnlichen Sprachgebrauche meint. Ihr sprecht von der Phantasie eines Dichters, weil er von Dingen redet, welche der Gegenwart unbekannt, ja ihr unwahrscheinlich sind. Aber nach Verlauf der Zeit werden sie als Wahrheiten offenbar. War er ein Phantast? Nein, sondern ein gottbegnadeter Seher. Die reine, keusche, dichterische Phantasie ist nichts Anderes, als die Seele selbst, welche über Zeit und Raum zu schauen vermag.

Selbstprüfung.

Es naht ein ernster, heilger Tag,
  An dem ich in mich forschen gehe,
Nach Allem, was ich suche, frag
  Und vor mir selbst als Richter stehe.

Ich halte da ein streng Gericht
  Und prüfe nicht etwa gelinde,
Damit dereinst bei Gott ich nicht
  Ein niederschmetternd Urtheil finde.

Und wann kommt dieser ernste Tag?
  An jedem Morgen kehrt er wieder
Und schreibt der Stunden schweren Schlag
  Für einst und ewig in mir nieder.

Es giebt ein großes, erhabenes und beglücken=
des Gesetz, welches noch kein Mensch begriffen hat.
Aber der Fürst, welcher sich, wenn auch unbewußt,
von diesem Gesetze leiten läßt, wird das Glück
seines Volkes sein.

Einsicht.

Schau nicht, schau nicht so um dich her,
  Als ob da deine Welt sich breite.
Die Erde nicht und nicht das Meer,
  Zieh deinen Blick hinaus ins Weite.
Du wohnst hier nur im Wanderzelt;
  Die Heimath fordert all dein Sinnen,
Und suchst du deine wahre Welt,
  So richte deinen Blick nach innen.

Bau nicht, bau nicht ein festes Haus
  Als Heim auf irdschem Grund und Boden;
Man trägt dich doch dereinst hinaus
  Und legt als todt dich zu den Todten.
Dein wahres Heim, es ist nur dort,
  Wohin du lebst und denkst, zu schauen,
Und jede That und jedes Wort
  Trägst du ihm zu, um es zu bauen.

Trau nicht, trau nicht dem eb'nen Weg,
  Den Tausende durchs Leben wandern.
Weich ab, weich ab zum steilen Steg,
  Und laß sie lächeln, all die Andern.
Sieh auf die Thoren nicht zurück,
  Und achte nicht auf ihre Stimmen;
Denn wisse wohl, dein wahres Glück
  Liegt hoch und läßt sich nur erklimmen.

Die irdische Gesetzgebung macht mit dem Einzelnen zuweilen sehr langen, mit den Völkern aber oft sehr kurzen Prozeß.

Wohin?

Frag doch einmal, und laß dir endlich zeigen,
　Wohin du kommst, wenn du so weitergehst.
Du sollst nicht abwärts sondern aufwärts steigen;
　Drum halte ein, und siehe, wo du stehst!

Frag nicht die Welt, nicht sterbliche Propheten;
　Schon Mancher, Mancher frug sie und beklagts.
Frag nur die Wahrheit, und sie wird dann reden;
　Frag nur den Himmel, und der Himmel sagts!

Und weißt du, wo du diese Wahrheit findest?
　Und weißt du auch, wo dieser Himmel ist?
Ich sehe, wie du dich verlegen windest;
　Du weißt es nicht! Nun sag, bist du ein — — Christ?

Ein Fürst, welcher nach den Wünschen seines
Volkes fragt, handelt nach dem Vorbilde Gottes,
welcher will, daß seine Kinder ihm die ihrigen im
Gebete sagen.

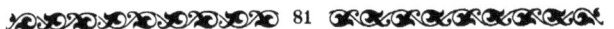

Frage.

Haft du gelebt? O, wolle Antwort geben:
Hältft du dein Leben wirklich für ein Leben,
   Das dich zu sich zurück, zum Leben, führt?
Wie weit bift du zum Urquell vorgedrungen,
Dem deine Seele, dem dein Sein entsprungen,
   Dem deine ganze Strebenskraft gebührt?

Haft du geglaubt? O, wolle mir doch sagen,
Wie viele wohl von deinen Erdentagen
   Den wahren, ächten Sonnenschein gekannt.
Der Glaube giebt Unendlichkeit des Schauens
Im klaren, warmen Lichte des Vertrauens
   Und zeigt dir jenes, nicht nur dieses Land.

Haft du gewirkt? O, wolle mich verstehen:
Ich sehe fleißig dich zur Arbeit gehen;
   Du sorgft und kämpfest in und mit der Zeit.
Doch, öffnet sich dir einft die dunkle Pforte,
So knarren in den Angeln dir die Worte:
   „Haft du gewirkt auch für die Ewigkeit?“

6

Die Erde wird dem Völkerfrieden nie freiwillig ihre Thore öffnen. Sie muß dazu gezwungen werden.

Räthsel.

Ring dich nieder; ring dich nieder!
 Welch ein Wort und wie so wahr.
Sag dir's täglich, stündlich wieder;
 Werde dir darüber klar!

*

Ring dich nieder, um zu zeigen,
 Daß du deine Psyche kennst.
Du kannst dich nur dann erreichen,
 Wenn du von dir selbst dich trennst.

*

Ring dich nieder, bis zerronnen
 Ist dein ganzes, ganzes Ich,
Dann hast Alles du gewonnen,
 Was verloren ist für dich.

Ring dich nieder; gehe unter,
   Bis du gänzlich dir entschwebst;
Dann geschieht das große Wunder,
   Daß du tausendfältig lebst.

Ring dich nieder; ring dich nieder;
   Lös dich auf, und gehe ein;
Sterbend auferstehst du wieder
   Und wirst ein Verklärter sein!

Das Morgenland hat dem Abendlande geiſtig
ſo viel, ſo viel geliehen, was dieſes ihm mit Zinſen
zurückzuerſtatten hat. Wir werden noch lange, lange
ſeine Schuldner ſein.

Doppelsieg.

Denk nicht an dich, wenn dir ein Weh
    Von irgend Jemand widerfährt;
Denk nur an ihn allein, und geh
    Dorthin, wo dich's Gebet verklärt.

Dann fühlst du wohl, daß im Verzeihn
    Ein zweifach großer Segen liegt:
Du hast nicht über dich allein,
    Du hast auch über ihn gesiegt.

Du prägst jedem Werke deines Geistes oder deiner Hände die Spuren deiner Seele ein und trägst dadurch zur Offenbarung der Seele deines Volkes bei. Hast du jemals an die hieraus für dich entspringende Verantwortung gedacht?

Berufung.

Greif zu, o Mensch, greif zu,
Wenn dir der Himmel reicht die offne Hand,
    Sonst denke nicht, daß du
Einst seist im Buch des Glückes mit genannt.
    Wer diesen Wink des Himmels nicht beachtet,
Der sieht auch nicht des Himmels Rathschluß ein
    Und wird, wie er auch nach dem Glücke trachtet,
Doch ohne Glück, so lang er trachtet, sein.

❦

Greif zu, o Volk, greif zu,
Wenn dir der Himmel reicht die offne Hand,
    Sonst denke nicht, daß du
Einst seist im Buch der Völker mit genannt.
    Wenn diesen Fingerzeig du nicht beachtest,
Wirst du dem Tod, dem Untergang dich weihn
    Und, ob du auch nach Glanz und Führung trachtest,
Doch unter Völkern nur ein Völkchen sein.

Greif zu, o Fürst, greif zu,
Wenn dir der Himmel reicht die offne Hand,
Sonst denke nicht, daß du
Einst seist im Buch der Fürsten mit genannt.
Ein Herrscher der des Himmels Stimme achtet,
Die ihn beruft, der Völker Heil zu sein,
Bei dem stellt sich das Glück, nach dem er trachtet,
Ja ganz von selbst, als Himmelsgabe, ein.

Jedem Gedanken eines logischen Denkers ent=
springen, sobald er zu Ende gedacht worden ist,
neue Gedanken, welche sich aus ihm gebären, um
nach ihrer Vollendung wieder zu weiteren zu führen.
So entwickeln sich im großen Zusammenhange der
Gedankenwelten aus jeder zu Ende gelebten Welt
neue Welten, um, indem sie sich ausleben, abermals
ferneren das Dasein zu geben.

Unsern Dichtern.

Geht nach dem Morgenland; vernehmt die Weisen,
  Die einst zum Saitenspiele dort erklungen.
Sie sollten Gott, den Einzigen, nur preisen
  Und wurden doch für Andre auch gesungen.
Die Sänger starben, doch seht ihr die Noten
  Der Lieder noch, wenn ihr vor Säulen steht,
Und mit dem Auge hört ihr noch der Todten
  Gesänge, wenn ihr durch die Trümmer geht.

Die Psalter und die Harfen sind zerbrochen,
  Zu denen Davids Stimme man gehört,
Und wo der Herr durch Steine einst gesprochen,
  Liegt ihre Harmonie, ihr Reim zerstört.
Doch seht ihr wo ein Kapitäl noch ragen,
  Ein steinern Lied, im zarten Mondesschein,
So dürft ihr im Gedicht es heimwärts tragen
  Und der Verstorbnen fromme Erben sein.

Geht nach dem Morgenland; vernehmt die Weisen,
  Die dorten einst in Wort und Werk erklungen.
Sie sollten Gott, den Einzigen, nur preisen
  Und wurden doch für ihn nicht ausgesungen.
Die Töne hört, die sich aus Trümmern ringen;
  Vernehmt ihr Klagen, und befreiet sie;
Dann wird in Euern Liedern neu erklingen
  Des Morgenlandes Gottespoesie!

Es giebt nur deshalb keinen Verkehr zwischen hier und dort, weil der Unglaube den Brückenbau von unserer Seite aus verhindert.

Vogelsang.

Es klang ein Lied vom Himmelszelt
  Hell über allen Landen,
Doch hat es in der weiten Welt
  Wohl Niemand recht verstanden.

Nur durch der Vöglein lauschend Ohr
  Ist tiefer es gedrungen
Und wird seitdem als Frühlingschor
  In Feld und Wald gesungen.

Doch wo man einen Menschen sieht
  Durch Busch und Auen gehen,
So kann er leider dieses Lied
  Noch immer nicht verstehen.

Wie es latente Wärme giebt, so giebt es auch
latente Liebe. Haben wir sie befreit, so nennen wir
sie Dankbarkeit.

Auf dem Friedhofe.

Komm her; komm her, du fremder Wandersmann;
 Geh nicht vorbei an unbekanntem Grabe.
Hör mich, ja auch um deinetwillen, an,
 Und glaube, was ich dir zu sagen habe!

Ein jeder Mensch, der nach dem Himmel strebt,
 Soll hier ein liebes, gutes Wörtlein sagen;
Es wird der Seele, die da oben lebt,
 Auf Händen des Gebets emporgetragen.

Dort nimmt sie es mit Freuden in Empfang
 Und lächelt dankbar auf den Spender nieder,
Und dieses Lächeln strahlt ihm lebenslang
 Das, was er gab, mit tausend Zinsen wieder.

Gott hat den Eltern einen größern Einfluß gegeben, als sie ahnen. Ihre Macht über die Kinder reicht noch über den Tod, über Körper, Raum und Zeit hinaus.

Wo sind die deinen?

Siehst du dort an des Abgrunds Rand
  Die Schaar der Kinder sorglos schreiten?
Kaum noch die Breite einer Hand,
  So ist der Sturz nicht zu vermeiden.
Zu ihren Füßen gähnt der Tod;
  Vor Angst will dir das Herz erkalten,
Doch ob er grinst, und ob er droht,
  Sie werden unsichtbar gehalten.

Nun steig einmal, du stolzer Mann,
  Hinauf, desselben Wegs zu gehen!
Warum schaust du mich fragend an?
  Warum bleibst du so zagend stehen?
Du fragst und zagst ja nie und nicht
  Auf deinen steilen Zweiflerspfaden;
Wie kommts, daß jetzt der Muth dir bricht?
  Ich glaub, ich habe es errathen.

Du wanderst kühn von Trug zu Trug
    Am Abgrund deiner geistgen Oede,
Doch hier vor diesem Bergeszug,
    Da schwindelt dir, da wirst du blöde.
Nun schau hinauf zum Felsenjoch,
    Und sieh den sichern Gang der Kleinen:
Sie haben ihre Engel noch;
    Du aber sag, wo sind die deinen?

Du weißt, daß dein Körper des immerwähren=
den, unausgesetzten Stoffwechsels bedarf. Deine
Seele ebenso. Weißt du auch das? Haft du noch
nicht ihren Hunger, ihren Durst beachtet? Gieb
ihr, was ihr nöthig ist, aber nicht Lüge anstatt
Wahrheit und nicht Finsterniß anstatt Licht!

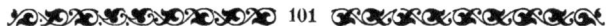

Meine Engel.

Ich saß im lieben, trauten Stübchen,
  Grad als der Tag dem Abend wich.
Mein kleines, süßes Herzensbübchen
  Schlang seine Aermchen warm um mich.
Da strich, nicht etwa von der Sonne,
  An uns vorbei ein lichter Schein,
Und ich gedachte voller Wonne:
  „Das wird des Kindes Engel sein!"

Ich wachte an dem Krankenlager.
  Es war so düster in dem Raum!
Der Leidenden Gesicht so hager;
  Man unterschied die Züge kaum.
Wir beteten; da plötzlich legte
  Sich um ihr Haupt ein lichter Schein,
Der den Gedanken in mir regte:
  „Das wird der Kranken Engel sein!"

Er stand vor mir im halben Dunkel,
  Die Klinge in der Faust bereit;
Des Augs verrätherisch Gefunkel
  Gab mir zum Weichen nicht mehr Zeit.
Da, als er auszuholen wagte,
  Floß zwischen uns ein heller Schein;
Es sank die Hand; ich aber sagte:
  „Das wird vielleicht dein Engel sein!“

Es lag die Bibel aufgeschlagen,
  Und der Verleumder stand dabei,
Um auf das heilge Buch zu sagen,
  Daß seine Lüge Wahrheit sei.
Da war ein fremder Ton zu hören,
  Wie überirdisch, warnend, fein.
Der Mann schrie auf: „Ich will nicht schwören,
  Denn das, das wird mein Engel sein!“

Bin ich dereinst bereit zum Scheiden,
  Und ihr steht weinend um mich her,
So mag es Tröstung euch bereiten,
  Daß ich zurück zum Vater kehr.
Habt Acht auf einen lichten Schimmer,
  Auf einen Ton, ersterbend lind,
Und trifft es ein, so zweifelt nimmer,
  Daß dies dann meine Engel sind!

Wer giebt dir das Recht, über den Glauben Anderer zu lächeln? Du glaubst doch wenigstens ebenso fest wie sie, aber freilich nicht an Gott sondern an die Unfehlbarkeit deiner Trugschlüsse.

An die Mutter.

Ich hab gefehlt, und du haft es getragen,
  So manches Mal und, ach, so lang, so schwer.
Wie das mich nun bedrückt, kann ich nicht sagen;
  O komm noch einmal, einmal zu mir her!

Du starbst ja nicht; du bist hinaufgestiegen
  Zu reinen Geistern, meiner Mutter Geist.
Ich weiß, du siehst jetzt betend mich hier liegen;
  O komm, o komm, und sag, daß du verzeihst!

Komm mir im Traum; komm in der Dämmerstunde,
  Wenn, Stern um Stern, der Himmel uns umarmt.
Bring mir Verzeihung, und bring mir die Kunde,
  Daß auch die Seligkeit sich mein erbarmt!

Lächle nicht darüber, denn es ist wahr: Deine Gedanken, Worte und Werke werden in das „Buch des Lebens" von keinem Andern als von dir selbst eingetragen.

Des Kindes Seligkeit.

Ich schlafe ein an meiner Mutter Brust;
O welche Wonne, welche selge Lust!
  Die Mutter ist so fromm; sie ist so rein,
  Und ich will so wie sie auch immer sein.

Ich schlafe ein an meiner Mutter Brust;
O welche Wonne, welche selge Lust!
  Sie ist so lieb; sie ist so mild, so gut;
  Ich sag ihr Alles, was mir wehe thut.

Ich schlafe ein an meiner Mutter Brust;
O welche Wonne, welche selge Lust!
  Geht sie dereinst in Gottes Himmel ein,
  Wird sie mein Engel, o mein Engel sein!

Sobald der Menſch ſich mit Andern um Gott
und Gottes Liebe ſtreitet, hat er ihn und ſie ver=
loren.

Großmütterchen.

Sie trug mich stets auf ihren Armen;
  Sie lehrte mich den ersten Schritt,
Und weinte ich zum Herzerbarmen,
  So weinte sie erbarmend mit.
Wenn sie des Abends mich ins Nestchen
  Mit linder Segenshand gebracht,
So bat ich: „Bleibe noch ein Restchen“,
  Und meinte da „die ganze Nacht“.

✿

Und wenn ein böser Traum mich schreckte,
  So saß sie da beim kleinen Licht,
Nahm weg den Schirm, der es bedeckte,
  Und sah mir liebend ins Gesicht.
Trotz ihrer hellen Augensterne
  That ich sodann die Frage doch:
„Ich träume ohne dich nicht gerne;
  Großmütterchen, sag, wachst du noch?“

Zwar ist sie längst von mir gegangen;
  Ich selbst bin alt, fast schon ein Greis,
Und fühl mich doch von ihr umfangen,
  Die mich noch jetzt zu segnen weiß.
Stets ist es mir, geh ich zur Ruhe,
  Als setze sie sich zu mir hin,
Und wenn ich etwas Wichtges thue,
  Kommt sie mir hilfreich in den Sinn.

So oft ich Sterne leuchten sehe,
  Hell wie in meiner Jugendzeit,
Hör ich ihr Wort: „Was auch geschehe,
  Du und dein Glück, ihr seid gefeit.“
Dann möcht ich, wie in jenen Tagen,
  Zwar überflüssig, aber doch
Die lieben, lieben Sterne fragen:
  „Großmütterchen, sag, wachst du noch?“

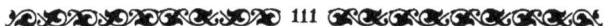

Denke nach! Giebt es einen Menschen ohne
Religion? Ja, meinst du. So sag, giebt es einen
Menschen ohne Cultus? Gewiß keinen!

Frühling.

Es ist ein linder Frühlingshauch
  Heut übers Feld gegangen,
Und nun will Wiese, Baum und Strauch
  In tausend Blüthen prangen.
Schon morgen wohl, schon über Nacht
  Giebts rings ein duftend Sprießen;
O Frühlingswonne, Frühlingspracht,
  Sei mir, sei mir gepriesen!

In meine Seele ist ein Strahl
  Vom Himmel mir gedrungen,
Und nun sind Blüthen ohne Zahl
  Wie draußen aufgesprungen.
Das sproßt und treibt, will dankbar sein,
  Will Glück und Freude spenden.
Herrgott, laß diesen Sonnenschein
  Doch niemals in mir enden!

Wie gedankenlos wir Menschen in der Bildung und Anwendung von Begriffen und Worten sind! Man spricht z. B. von Ruhe; aber durchforsche die ganze sichtbare und unsichtbare Welt, und bringe mir dann ein einziges Beispiel, welches beweist, daß es Ruhe giebt!

Blind und doch sehend.

Die Sonne krönt den goldnen Tag;
  Der Abend nennt die Sterne sein;
Wo nur ein Aug sich öffnen mag,
  Glänzt ihm ein Licht, ein Himmelsschein.
Doch all die Wonne, all die Pracht,
  Mein todter Blick erfaßt sie nicht;
In meines Daseins dunkler Nacht
  Giebts keine Sonne, giebts kein Licht.

*

Mein Gott und Vater, nahmst du mir
  Der Erde schönstes, freistes Gut,
So ruf ich flehend auf zu dir
  Um deinen Schirm, um deine Hut.
Hör mein Gebet; vernimm den Schrei;
  Ich bin dein Kind; verstoß mich nicht.
O halt mich fest, Herrgott, und sei
  Du meine Sonne, du mein Licht!

Wie wird mir doch? Es tagt und tagt
    Mir in des Herzens Nacht hinein,
Und eine Stimme in mir sagt:
    „Der Herr der Welt erbarmt sich dein!“
Es wird die Seele mir so weit;
    Nun bin ich still und zage nicht,
Denn du, o Allbarmherzigkeit,
    Bist meine Sonne, bist mein Licht!

Auch die innere Welt hat ihre Centrifugal=
und ihre Centripedalkraft: das Gute, welches nach
oben, und das Böse, welches nach unten strebt.

Im Alter.

Ich bin so müd, so herbstesschwer
   Und möcht am liebsten scheiden gehn.
Die Blätter fallen rings umher;
   Wie lange, Herr, soll ich noch stehn?
Ich bin nur ein bescheiden Gras,
   Doch eine Aehre trag auch ich,
Und ob die Sonne mich vergaß,
   Ich wuchs in Dankbarkeit für dich.

Ich bin so müd, so herbstesschwer
   Und möcht am liebsten scheiden gehn,
Doch, brauche ich der Reife mehr,
   So laß mich, Herr, noch länger stehn.
Ich will, wenn sich der Schnitter naht
   Und sammelt Menschengarben ein,
Nicht unreif zu der Weitersaat
   Für dich und deinen Himmel sein.

Weißt du, was unter „Gebet" zu verstehen
ist? Nicht allein der Mensch betet; Gott betet
auch!

Die Leiden.

Es ging ein Schwert durch meine Seele,
   Wie es einst durch Maria ging.
Ob ichs gesteh, ob ichs verhehle,
   Daß ich zu sehr am Irdschen hing,
Es ward durch dieses Schwert getroffen,
Und ich, ich laß die Wunde offen.

Nun wird es langsam sich verbluten.
   Zwar ists mein eignes Blut, das fließt,
Doch auch die Gegnerschaft des Guten,
   Die aus der Wunde sich ergießt.
Ich laß das alte Leben rinnen,
Ein neues, beff'res zu gewinnen.

Es ist der große Zweck der Leiden,
   Der durch die ganze Schöpfung geht:
Sie nahen nur, um auszuscheiden,
   Was Gottes Rathschluß widersteht.
Ich will im Leid, das mir geschehen,
Nur göttliche Erziehung sehen.

Kein Menſch iſt ſo vollſtändig ungläubig, daß ihn der Gedanke, er könne ſich vielleicht irren, nicht doch zuweilen ein wenig bange macht.

Kindschaft.

Ich war ein Kind, als hilflos ich gelegen
  Im Arm der Liebe, die mich einst gebar,
Und diese Kindheit wurde mir zum Segen,
  Als außer ihr mir nichts zum Segen war.

Ich blieb ein Kind und ruhte wohlgebettet
  Im Gottvertrauen meiner Kindlichkeit.
Sie hat mich tausend=, tausendmal gerettet
  Und zeigte mir den Weg zur Seligkeit.

Ich bin ein Kind noch heut, in Greisesjahren,
  Dein Kind, mein Gott, und strebe zu dir hin.
O wolle diese Kindschaft mir bewahren,
  Bis ich bei dir in deinem Himmel bin!

Du sagst, du glaubest fest an Gott. Gut!
Aber einen wenn auch ganz, ganz, ganz kleinen
Götzen hast du doch noch nebenbei? Hand aufs
Herz! Ja?

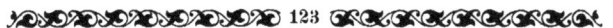

Heimkehr.

Ich kehre heim! Auch ich ging wie die Andern
 Hinaus ins Leben, in die weite Welt.
Doch nirgends bot sich mir bei meinem Wandern
 Die rechte Stelle für mein kleines Zelt.
Es störte mich das Locken und das Prahlen
 Mit nichtgem Tand, mit eitlem Trug und Schein;
Ich wollte nicht das Blei mit Gold bezahlen
 Und nicht der Erde meinen Himmel weihn.

Ich kehre heim! Ich sehe rings ein Trachten
 Nach Zielen, die nicht meine Ziele sind.
Ich will zur Heimath; mag man mich verachten,
 Daß da ich sein will, wo ich war als Kind.
Ich will zurück zu jenen selgen Tagen,
 Wo ich an dich und deiner Engel Schaar
So innig glaubte, ohne viel zu fragen,
Und nur dein Kind und gar nichts Andres war.

Ich kehre heim! Ich bin des Haftens müde
   Nach Flitterkram, nach gleißnerischem Ruhm.
Sei du mein Stab; führ mich in deiner Güte
   Zu meiner Kindheit süßem Heiligthum!
Ich weiß es ja, dies Trachten und dies Dichten
   Bringt nicht das wahre Heil, das wahre Glück;
Ich will so gern, so gern darauf verzichten
   Und kehr in meine Jugendzeit zurück.

Ich kehre heim! Ich sehne mich nach Ruhe,
   Und diese find ich nur und nur in dir,
Denn was ich für das Zeitliche hier thue,
   Das rächt sich an dem Ewigen in mir.
Ich kehre heim. Mein himmlischer Berather,
   Ich bin so gern dein Kind, so gern noch klein;
Du warst schon meiner Jugend Schirm und Vater
   Und sollst es, wenn ich sterbe, auch noch sein!

Den Zweifler kannſt du noch überzeugen, den Ungläubigen nicht; ſeine Umkehr ſteht allein in Gottes Hand.

Umkehr.

Ich segne dich. Ich sah die Thräne stehn
   Im Auge, das du bittend zu mir hobst.
Ich segne dich. Ich sah dich in dich gehn
   Und höre, was du dir und mir gelobst.
Es ist ein Jubeltag dem Paradies
   Und allen seinen Seligen bescheert,
Wenn eine Seele, die es einst verließ,
   Am Arm der Einsicht reuig wiederkehrt.

Ich segne dich. Ich sah dich betend knien;
   Ich hörte es, du habest dich ermannt
Und wollest endlich, endlich heimwärts ziehn,
   Da du den Weg zum wahren Heil erkannt.
Ich segne dich, wie Niemand segnen kann
   Als ich, die ewge Liebe, nur allein,
Und fühlst du diese meine Liebe, dann
   Wirst du für immerdar gesegnet sein.

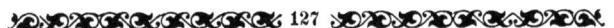

Ich segne dich, weil du um Gnade batst,
   Denn du warst mir noch immer, immer lieb.
Du Armer wußtest ja nicht, was du thatst,
   Als dich der Irrthum aus dem Himmel trieb.
Ich segne dich, und dieser Segen faßt
   In sich des Himmels ganze Seligkeit:
So wie Vergebung du gefunden hast,
   Sei zum Verzeihen stets auch du bereit!

Denke dir im Verkehr mit deinem Nächsten
stets, daß bei dir dein und bei ihm sein Engel stehe
und der eine sich über dich freuen, der andre dich
liebgewinnen will.

Wunsch.

Tret in ein Gotteshaus ich ein,
So soll es hell und freundlich sein.
  Die Dunkelheit, ich lieb sie nicht;
  Ich will es um und in mir licht.

Tret in ein Gotteshaus ich ein,
Möcht dennoch es auch schattig sein.
  In Gottes Schatten ruht sich's lind;
  Ich freue mich, wo ich ihn find.

Tret in ein Gotteshaus ich ein,
Soll es des Vaters Haus mir sein.
  Wenn seine liebe Glocke schallt,
  Komm ich gewiß, komm alsobald.

9

Verlange nicht vom einzelnen Tropfen des
Meeres, daß er dein Schiff trage, und nicht vom
einzelnen Menschen, daß er grad dir Gutes thue.
Beurtheilst du deinen Nächsten nur nach seinem
Werthe für die Allgemeinheit, so wird es dir nicht
mehr schwer werden, die wahre christliche Nachsicht
zu üben.

Das Kapellchen am See.

Ein Glöcklein hör ich klingen
Wohl über den lauschenden See;
　Das will mir immer bringen
Ein wonniges Glück und ein Weh.

　Ein Glück, weil es mich mahnet:
„Fahr über, und glaube an mich;
　Was keine Erde ahnet,
Bereitet der Himmel für dich!"

　Ein Weh auch, denn nur Einer
Setzt über und betet allein.
　Will außer mir denn Keiner
Gerettet und selig dort sein?

Kleine Menschen treiben alles ihnen Unan=
genehme ins Große und Schlimme. Große Menschen
sehen das Schlimme an ihren Mitmenschen ent=
weder klein oder gar nicht.

Mahnung.

Siehst du an des Berges Hange
　Irgendwo ein Kirchlein stehn,
Warte, warte ja nicht lange;
　Sei so gut, hinein zu gehn!

❦

Liebst du es, mit Gott zu reden,
　Kniee hin, und bete still;
In der Kirche hört er Jeden,
　Der ihm Etwas sagen will.

❦

Bist du Zweifler, nun, so falte
　Wenigstens die Hände stumm,
Daß der Herr dich noch erhalte,
　Wenn du auch nicht weißt, warum.

Und bist du vielleicht gescheidter
　Als die „Einfalt, welche glaubt“,
Nun, so thue gar nichts weiter
　Als: entblöß dein stolzes Haupt.

Ja, siehst du am Bergeshange
　Irgendwo ein Kirchlein stehn,
Dieses Opfer währt nicht lange:
　Sei so gut, hinein zu gehn!

Das Ich besitzt Daseinsberechtigung nur für sich selbst. Für Andere muß es als Einzahl ver= schwinden, um in der Mehrzahl stark und herrlich aufzuerstehen.

Kannst du noch beten?

Kannst du noch beten? Sag, kannst du es noch?
Wenn nicht, so denk an deine Mutter doch,
   Wie sie so liebend über dir gewaltet
   Und dir die kleinen Händchen fromm gefaltet,
Damit der liebe Gott ihr Glück bewahre,
Und dieses Glück warst du — — wie viele Jahre?

Kannst du noch beten? Sag, kannst du es noch?
Wenn nicht, so denk an deine Kinder doch!
   Hältst du's für überflüssig, sie zu lehren,
   Den Herrn und Vater gläubig zu verehren?
Was kann der irdische von ihnen wollen,
Wenn sie den himmlischen nicht achten sollen?

Kannst du noch beten? Sag, kannst du es noch?
Wenn nicht, so fasse Muth; versuch es doch!
   Es wartet Gott wohl gar Zeit deines Lebens
   Nur auf ein kleines Wörtchen, doch vergebens.
Die Todesangst wird dieses Wort dir zeigen,
Vielleicht zu spät; die Antwort ist dann — — Schweigen!

Irdische Liebe wird die Feindin der Geben=
den und der Nehmenden, wenn nicht schützend die
Hand des Verstandes über ihnen schwebt.

Andacht.

Sei mir gegrüßt in stiller Stunde,
  Du liebes, frohes Händefalten!
Du trägst zum Himmel auf die Kunde,
  Daß ich vertraue seinem Walten.
Des Tages Last ist mir genommen,
  Und meine Seele ruht im Herrn;
Ich darf mit Dank und Bitten kommen,
  Und ich, ich komme ja so gern.

Sei mir gegrüßt in stiller Stunde,
  Du liebes, frohes Händefalten!
Du bringst vom Himmel mir die Kunde,
  Daß mich des Vaters Hand wird halten.
Des Tages Stimmen sind verklungen,
  Und meine Seele ruht im Herrn;
Es tönen in mir andre Zungen,
  Und ich, ich höre sie so gern.

Sei mir gegrüßt in stiller Stunde,
  Du liebes, frohes Händefalten!
Steig auf und nieder, Himmelskunde,
  Mich für das Jenseits zu gestalten.
Will einst der letzte Tag verschwinden,
  Ruht meine Seele in dem Herrn
Und wird die Heimath wiederfinden,
  Nach der sie sucht so gern, so gern.

Dein Scherz sei wie ein frischer, reiner Hauch, der den Staub der Straße von der Blume weht, nicht aber wie der scharfe Windstoß, der sie welken macht.

Hilf mir!

Hilf mir, o Gott, nur deinen Weg zu gehen,
　Den einzgen Weg, der uns zum Heile führt.
Ich fühl um meine Stirn ein lindes Wehen,
　Das wie ein Hauch von oben mich berührt.
Dorthin will ich des Glaubens Flügel schlagen,
　Die mich durch dich empor und zu dir tragen.

Hilf mir, o Gott, stets deiner zu gedenken,
　Und was ich thu, auf dich nur zu beziehn.
Woll dich in mich, laß mich in dich versenken
　Und Alles, was mich von dir scheidet, fliehn.
Ich will nur dich allein im Aug behalten
　Und geistig mich durch dich für dich gestalten.

Hilf mir, o Gott, mich endlich zu besiegen;
　Ich weiß es ja, ich bin mein ärgster Feind.
Ich will niemals, auch mir nicht, unterliegen;
　Nur dieser Sieg ist's, der mich dir vereint.
So hilf mir denn, hilf deinem schwachen Kinde,
　Daß ich durchs Vaterherz den Himmel finde!

Mancher Mensch ist im Großen gütig, kann
sich aber nicht überwinden, es auch im Kleinen und
Einzelnen zu sein. Gottes Güte aber ist im All
und im Atom gleich groß.

Reue.

Herr, schau mich an! Ich lieg vor dir im Staube,
Und bis du mich erhörst, so lange bleib ich liegen.
  Wie Noah damals ausgesandt die Taube,
So laß ich mein Gebet nach deiner Gnade fliegen.
    Ich sündigte im Himmel und vor dir;
    Verzeihe mir, mein Gott, verzeihe mir!

Herr, schau mich an! Ich lieg vor dir im Staube,
Ein bittend Kind vor seines Vaters Thüre.
  Ich hatte dein vergessen, doch erlaube,
Daß mich die Reue wieder zu dir führe.
    Ich will hinfort dir gern gehorsam sein;
    O laß, mein Gott, o laß mich wieder ein!

Herr, schau mich an! Ich lieg vor dir im Staube,
Doch hör ich schon des Engels Schritte klingen.
  Er naht und wird mir Alles, was ich glaube,
Verzeihung, Hilfe und Erlösung bringen.
    Er führt mich wieder, wieder zu dir hin,
    Und ich, ich fühl, daß ich im Himmel bin!

Die Kunſt iſt die irdiſche Schweſter ihrer himm-
liſchen, der Religion. Sie hat die Erscheinungen
und Beziehungen des Erdenlebens vom Geſichts-
punkte des Schönen und Edlen aus darzuſtellen
und dadurch dahin zu wirken, daß dieſes Edle und
Schöne ſich am Menſchen aus dem Ideale zur Wahr-
heit entwickele. Sie iſt alſo neben der Religion
die berufenſte Lehrerin des Menſchengeſchlechtes.

Kanaan.

Verlaß mich nicht! Ich steh im dunkeln Land.
Führ mich zur Wahrheit, Herr, an deiner Hand.
　Ich sehne mich nach deinem Licht;
Verlaß mich nicht, o Herr, verlaß mich nicht!

Verlaß mich nicht! Herr, hör mein Flehen an.
Hinüber schaut mein Aug nach Kanaan.
　Gieb mir, was dein Prophet verspricht;
Verlaß mich nicht, o Herr, verlaß mich nicht!

Verlaß mich nicht! Es winkt mir Zion schon.
Ich seh den Himmelsglanz um deinen Thron.
　Es leuchtet mir dein Angesicht;
Verlaß mich nicht, o Herr, verlaß mich nicht!

Das Theater soll nicht ein Rendez-vous für bevorzugte Klassen, sondern eine Volksschule im wahrsten und besten Sinne dieses Wortes sein.

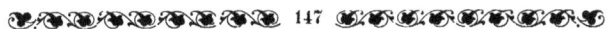

Im Traum.

Ich ging im Traum zum Himmel ein
Und blieb dort an der Thüre stehen.
  Ich sah so viele Engelein
Hinaus und wieder einwärts gehen.

❧

Sie schwebten leuchtend hin und her,
Der Himmel hier und dort die Erde,
  Auf letzterer zu fragen, wer
Sich ihnen anvertrauen werde.

❧

Doch ob ich ohne Unterlaß
Auf ihr Bemühn, ihr Sorgen schaute,
  Es war so wunderselten, daß
Sich ihnen Jemand anvertraute.

Das that mir so unendlich leid,
Daß ich von meinem Traum erwachte
Und nun seitdem und allezeit
Den Engeln zu gehorchen trachte.

O, könnte Jeder so, wie ich
Einmal im Traum zum Himmel gehen,
Es würde dieser sicherlich
Nicht mehr vergeblich offen stehen!

Nirgends zeigt sich der Mensch mehr als Mensch, als wenn und wo er Mensch sein soll.

Du hast — — —

Du hast den Kopf zum Sinnen und zum Denken,
Kannst auf- und abwärts dein Bestreben lenken;
   Laß es zur Höhe oder Tiefe gehen,
   Doch harr' des Richters, ob du wirst bestehen.
Du hast das Herz; nie ist's im Leben still;
Es schlägt für gut und bös, wofür es will,
   Doch ob es fleißig, noch so fleißig war,
   Der Schläge Summe wird einst offenbar.

Du hast die Hände, welche wirken sollen;
Sie können nehmen, geben, wie sie wollen,
   Doch selbst was sie verborgen hier getrieben,
   Das findest du einst Alles aufgeschrieben.
Du hast die Füße, welche selten ruhn,
Kannst vorwärts, rückwärts deine Schritte thun,
   Und bist du ungewiß, hast du die Knie',
   O, beug sie zum Gebet, o beuge sie!

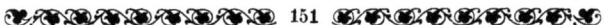

Der gewöhnliche Mensch vergiebt vielleicht einen Fehler; aber die Folgen eines Fehlers wird er nie vergeben.

Nur einer?

Es leuchtete in trüber Nacht
    Vom Himmel einsam mir ein Stern,
Und ich, auch trüb, ich hab gedacht,
    Die andern seien mir so fern.

Da lächelte mit hellem Strahl
    Er mir die ganze Wahrheit zu
Und brachte meines Zweifels Qual
    Mit seinem Himmelsgruß zur Ruh:

„Es glänzen Millionen hier
    Ganz in demselben Himmelslicht
Und in derselben Liebe dir,
    Dein Auge aber sieht es nicht!"

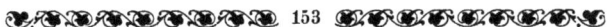

Die glücklichste Dichterin ist die Frau, welche ihrem Manne sein Heim zum Gedicht gestaltet.

„Mehr Licht!"

„Mehr Licht, mehr Licht!" Die Finsterniß
  Läßt mich nur zagend vorwärts gehn;
Ich schreite langsam, ungewiß
  Und bleib oft ängstlich tastend stehn.

❧

„Mehr Licht, mehr Licht!" Zwar leuchtet mir
  Die Weisheit dieser klugen Welt,
Doch so, daß sie den Weg zu dir
  Verdunkelt, aber nicht erhellt.

❧

„Mehr Licht, mehr Licht!" Am Glauben nur,
  An ihm allein, allein gebrichts;
Ihn scheut die irdische Natur
  Und mit ihm dich, den Quell des Lichts.

Wenn dich die bösen Buben locken, so — — — locke du nur wieder.

Ich bin bei dir.

Ich bin bei dir, ob du mich kennst, ob nicht;
Hör oder hör es nicht, was meine Stimme spricht.
  Du hast die Wahl; du hast auch deine Pflicht;
  Nun stürz ins Dunkel, oder steig zum Licht.

Ich bin bei dir; es kann nicht anders sein;
Ich bin der, der ich bin, ich ewig nur allein.
  Nimm mich als Fels, nimm irdschen Sand und Stein;
  Ich stütz dein Haus; auf Erde fällt es ein.

Ich bin bei dir; ich bleibe fort und fort;
Ich warte hier auf dich, doch warte ich nicht dort.
  Wo strebst du hin, nach welchem letzten Ort?
  Nun sprich es aus, sprich das Entscheidungswort!

Wenn du dein Kind recht erziehst, so ahnst du vielleicht gar nicht, daß du dich zu ihm erhebst und selbst auch Zögling bist.

O bete gern!

O bete gern! Du brauchst dich nicht zu scheun;
　　Sei nicht von Sorge um das Wort bethört.
Der Vater wird sich immer, immer freun,
　　Wenn er die Stimme seines Kindes hört.

O bete oft! Du hast ja Zeit dazu,
　　Und Wunsch und Dank bringt dir wohl jeder Tag.
Das Kind läßt ja dem Vater auch nicht Ruh,
　　Bis es gesagt hat, was es sagen mag.

O bete kurz! Es gleiche dein Begehr
　　Dem Kuß des Kindes, das den Vater liebt
Und von ihm weiß, daß er so gern noch mehr,
　　Als was es sich erbitten möchte, giebt.

Ja, bete kurz, doch bete oft und gern;
　　Der Vater ist dir ja so wohlgesinnt;
Du betest zwar zu Gott, dem Weltenherrn,
　　Doch bist du dieses Herrn geliebtes Kind.

Glaube ja nicht, daß Gottes Allmacht sich bei deiner Erschaffung mehr angestrengt habe als bei derjenigen des von dir mißachteten Wurmes.

Ich liebe.

„Ich liebe" ist ein Gotteswort;
  „Ich liebe" dringt ins Herz hinein.
„Ich liebe" will an jedem Ort
  Gegeben, nur gegeben sein.

⁂

„Ich liebe" kam vom Himmel einst
  Zu dir, zu mir, zu aller Welt,
Doch ist es nicht das, was du meinst
  Und was als Liebe sich verstellt.

⁂

„Ich liebe" ist nicht ein Begehr;
  „Ich liebe" dient und opfert nur,
Und fällt dir eine Liebe schwer,
  So ist sie himmlischer Natur.

⁂

Die Erde lebt seit Anbeginn
  Von dem, was ihr der Himmel giebt;
Er aber lebt und giebt sich hin,
  Denn daß er lebt, heißt, daß er liebt.

Wer seinen Feind haßt, hat auf die beste Waffe, ihn zu besiegen, verzichtet.

Verständige Liebe.

O Liebe, die ich endlich nun erfaßt
Und die du mich so ganz ergriffen hast,
　　Daß ich nur dir, nur dir zu eigen bin,
　　Nimm mich; nimm mich; ich gebe mich dir hin.

Wer sich mit seinem Sein in dich versenkt,
Dem wird von dir ein besseres geschenkt,
　　Denn was du von ihm nimmst, giebst du als Glück,
　　Als Seligkeit ihm tausendfach zurück.

So will ich durch dich und in dir allein
　　Nur im Beglücken selbst auch glücklich sein,
Will nimmer rasten und will nimmer ruhn,
　　Nur was du willst, nichts Anderes zu thun.

Jedoch damit ich ja nicht irre geh
　　Und unter Lieben schwach zu sein versteh,
So gieb mir deinen Bruder an die Hand,
　　Den klugen Lebensführer, den Verstand!

Verzeihe Andern, aber dir nicht, denn diese Verzeihung hat dir von ihnen zu kommen.

Rückkehr zum Glauben.

Ich grüße dich. Du warst als heller Stern
   An meinem Himmel leuchtend aufgegangen.
Dein Licht, es zeigte mir den Weg zum Herrn,
   An dessen Thron der Engel Chöre klangen.
Ich folgte dir gehorsam, hoch beglückt
   Und ließ mir als dein dankbar staunend Eigen,
Dem Kreis der Erde mehr und mehr entrückt,
   Der Allmacht und der Liebe Wunder zeigen.

Ich grüße dich, wie ich dich einst gegrüßt
   An jedem Tag, den mir der Herr gegeben.
Vielleicht, vielleicht hab ich genug gebüßt
   Und darf nun wieder für und durch dich leben.
Ich konnte, was mich leise dir entzog,
   Mit meinem schwachen Auge nicht erkennen;
Nun aber weiß ich, daß es mich betrog,
   Und lasse mich nicht wieder von dir trennen.

Ich grüße dich. Du bringst die Klarheit mir,
   Und nun darf die Genesung ich erwarten.
Es schlägt mein Puls von Neuem auf zu dir,
   Und ich, ich lach der Zweifel, die mich narrten.
Ich grüße dich so froh, so dankerfüllt;
   Ich konnte irren, doch du mußtest siegen,
Und ob die Brandung hinter mir noch brüllt,
   Du warst der Anker — — ich bin ihr entstiegen.

Sonderbar, daß auch der Fehlerhafteste vom Andern verlangt, daß dieser gut sei!

Segen.

Der Schlehdorn steht in Blüthen,
　Nun da ich scheiden muß.
Die Schwalbe aus dem Süden
　Bringt mir den Abschiedsgruß.

Der Schlehdorn steht in Blüthen;
　So blühst, mein Kind, auch du.
Brich sie für mich, dem Müden,
　Deck mich mit ihnen zu.

Der Schlehdorn steht in Blüthen;
　Welch eine süße Last.
Mag dich der Herr behüten,
　Wenn du mich nicht mehr hast!

Du sollst nicht nach Reichthum streben, wohl aber nach den erforderlichen Mitteln, in verständiger Weise wohlthun und das Glück deines Nächsten fördern zu können.

Meinem Schutzengel.

Ich war bei dir und lag doch so entlegen
　Von deiner Wohnung betend auf den Knien.
Ich war bei dir; ich bat um deinen Segen
　Und fragte, ob du mir vielleicht verziehn.

❦

Du warst bei mir und standest doch so ferne
　Von meinem Erdenheim vor Gottes Thron.
Wir athmen zwar nicht auf demselben Sterne,
　Doch fühl ich Segen und Verzeihung schon.

❦

Wir haben uns, du Geist, ich Staub, gefunden,
　Als ich durch dich den Weg zum Himmel fand,
Und sind wie Leib und Seele nun verbunden,
　Wie Gottes Wille und des Menschen Hand.

❦

Und kann ich diesen Willen nicht begreifen,
　So giebst du mir ihn klar und klarer kund:
Ich soll durch dich empor und zu dir reifen;
　Dann gehn wir weiter; das ist unser Bund.

Die Menschheit ist eigentlich eine ungeheure Ge=
sellschaft fahrlässiger Selbstmörder, denn seit An=
beginn hat noch kein einziger Mensch so lange ge=
lebt, wie er leben sollte und auch hätte leben
können.

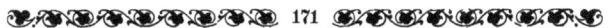

Tagesscheiden.

Nun gehst du hin in Frieden,
   Du schöner, goldner Tag.
Bist du von uns geschieden,
   Ich doch nicht trauern mag.
Du kehrst doch morgen wieder;
   Nicht ewig währt die Nacht;
Dann steigst du vom Himmel hernieder
   In neuer uns segnender Pracht.

So werd auch ich in Frieden
   Von hinnen scheiden gehn;
Es giebt doch schon hienieden
   Ein geistig Auferstehn.
Am Firmament geschrieben
   Steht mein und euer Glück:
Als segnender Engel, ihr Lieben,
   Kehr täglich zu euch ich zurück.

Ihr meint, der Glaube sei streng und fordere übergroßen Ernst. O wüßtet Ihr, wie heiter und wunderlieb die wahre Gottesfröhlichkeit ist! Keine Lust und keine Freude beseligt so wie sie.

Dein Engel.

O glaube nicht, du seist verlassen,
  Wenn dir kein Mensch zur Seite steht.
Lern nur den leisen Hauch erfassen,
  Der, wenn du klagst, dich lind umweht.
Es zieht ein sinnenfremdes Mahnen
  Dein geistig Wesen zu sich hin:
„Willst du, willst du denn gar nicht ahnen,
  Daß ich, dein Engel, bei dir bin?“

O wolle nicht darüber trauern,
  Daß dich kein Mensch im Herzen trägt.
Dort, jenseits unsrer Kirchhofsmauern,
  Giebts einen Puls, der für dich schlägt.
Er hat für dich schon hier geschlagen,
  Und fühlst du ihn, so sagt er dir:
„Du wirst auf Flügeln stets getragen;
  Ich bin dein Engel; glaub es mir!“

O laß dir nicht ins Auge steigen
　Des Leides stille Thränenfluth.
Wiß, daß grad in den schmerzensreichen
　Geschicken tiefe Weisheit ruht.
Grad in des Lebens schwersten Stunden
　Spricht tröstend dir dein Engel zu:
„Durchs Leiden hast du mich gefunden;
　Ich bin getrost; nun sei's auch du!"

Ein bekannter Herrscher hat in der Ueber=
wallung seines Pflichtgefühles den Ausspruch ge=
than, daß die Fürsten die ersten Diener ihrer Völker
seien. Die Wahrheit aber ist, daß jeder Fürst in
Gottes Stellvertretung der Vater seines Volkes mit
allen Vaterpflichten und Vaterrechten sein soll.

Zwei Worte.

Zu früh, zu spät — — zwei Worte, welche eigen
　　Dem Menschenleben, auch dem deinen, sind.
Du siehst, daß dir die Stunden schnell verstreichen
　　Und daß mit ihnen deine Zeit verrinnt.
Du ahnst den Irrthum nicht, an dem du leidest;
　　Du hast ja Zeit, du hast unendlich Zeit,
Und wenn du dich in ihr zu früh entscheidest,
　　Entscheidest du für deine Ewigkeit.

＊

Es war zu früh, als du die Rechnung schlossest
　　Und in das Deficit den Himmel warfst,
Zu früh, als du begeistert überflossest
　　Für Zwecke, denen du nicht dienen darfst.
Es war zu früh; du warst nicht reif zum Denken,
　　Als du dein Ziel nur an das Grab gestellt,
Denn du verstandst noch nicht, dich in die Gruft zu senken,
　　Um aufzustehn schon hier in dieser Welt.

Es war zu spät, als plötzlich du erkanntest,
    Daß du vielleicht, vielleicht nicht recht gethan,
Zu spät, als du dich halb, nur halb ermanntest,
    Denn das „Vielleicht" hielt dich auf falscher Bahn.
Es war zu spät; du hattest dich entschieden
    Und lebtest also nicht mehr in der Zeit.
Zwar warst und bist du immer noch hienieden,
    Doch wars schon Tod und ist schon Ewigkeit.

Warum sind Theorie und Praxis in vielen Fällen und besonders auf einigen Gebieten so wenig übereinstimmend, ja einander sogar widersprechend? Denke darüber nach, und wenn du es mir dann sagen kannst, so bist du von deiner jetzigen Stufe um viele weitere emporgestiegen.

Abendgebet.

Herr, bleib bei uns! Es will die Nacht sich neigen;
　Die Sonne sank schon längst hinab zur Ruh.
Herr, bleib bei uns! Es will kein Stern sich zeigen,
　Und tiefes Dunkel deckt die Erde zu.
Warst du bei uns, als uns der Tag noch glühte
　Und uns sein Strahl hell in das Aug gelacht,
So sei und bleib bei uns, Herr, und behüte
　Durch deine Engel uns auch in der Nacht!

❧

Herr, bleib bei uns, und sende deine Boten
　Zu uns ins ihnen treue, stille Haus.
Herr, bleib bei uns, und treib die Glaubenstodten
　Aus unserm Heim, von unserm Herd hinaus.
Laß uns den Kampf mit ihrer Macht bestehen,
　Die aus dem Dunkel zu uns aufwärts stieg;
Laß deine Gnade helfend uns umwehen;
　Gieb deinen Engeln, und gieb uns den Sieg!

Herr, bleib bei uns jetzt und zu allen Zeiten;
　Vor allem bleib, wenn unser Aug einst bricht.
Laß dein Erbarmen uns hinüberleiten
　Zur ewgen Wahrheit und zum ewgen Licht.
Wie dir schon jetzt der Sphären Lieder klingen,
　Die von der Last der Schwere du befreit,
So sollen dir auch unsre Lippen bringen
　Ein Halleluja, Herr, in Ewigkeit!

Die Sonne reinigt das Waſſer, indem ſie es
ohne Unterlaß von der Erde trennt und empor-
zieht, um es ihr dann geläutert wieder zu ſpenden.
Ob es wohl in einem andern Reiche einen ähnlichen
Vorgang giebt?

Ein Wort von oben.

Ich ging zum Himmel ein, doch bin ich euch nicht fern;
   Wenn ihr ihn auch nicht seht, den Garten Eden.
Es reicht der Himmel ja von Stern zu Stern,
   Umfassend auch den irdischen Planeten.
Vor Gott sind alle, alle Welten gleich,
   Die er für seine Selgen vorbereitet,
Und weil es ohne Ende ist, sein Reich,
   So liegt es auch um euch rings ausgebreitet.

Ich ging zum Himmel ein, doch bin ich euch nicht fern;
   Denkt ja nicht, daß ich euch entzogen werde.
Der Himmel ist die Herrlichkeit des Herrn,
   Und diese leuchtet euch auch auf der Erde.
Es sieht zwar euer Aug das Wunder nicht,
   Zu dem ich selig meine Blicke leite,
Doch wenn mein Herz für euch zum Vater spricht,
   So kniee betend ich an eurer Seite.

Ich ging zum Himmel ein, doch bin ich euch nicht fern;
　　Der Himmel reicht so weit wie Gottes Liebe,
Auch bis zu euch, und wie säh' ichs so gern,
　　Daß euch der Zweifel nicht aus ihm vertriebe!
O, athmet diese Gottesliebe ein,
　　Und gebt mit jedem Wort und Blick sie weiter,
So werdet ihr bald hoch gestiegen sein
　　Auf — — ich wills sagen! — — auf der Himmelsleiter.

Der Schlaf ist nicht blos das, wofür wir ihn bisher hielten. Für den Körper ein Ruhezustand, ist er für die Seele eine Zeit geheimnisvoller Thätigkeit, von welcher wir bis jetzt noch weniger als gar nichts wissen.

Ruhe.

Ruh aus von deinem Tagewerke
  Am Abend, wenn du müde bist.
Du hast es nöthig, aber merke,
  Daß es zur Vorbereitung ist.
Erhole dich von deinen Sorgen,
  Doch schlafe ohne sie nicht ein;
Vielleicht hast du am nächsten Morgen
  Schon keine Zeit mehr, müd zu sein.

Ruh aus von deinem Lebenswerke
  Im Alter, wenn du müde bist.
Du darfst es thun, doch aber merke,
  Daß dies die letzte Ruhe ist.
Es wird die Arbeit dich begleiten
  In jenes andre Land hinein.
Dort ist es aus mit unsern Zeiten,
  Auch mit der Zeit zum Müde=sein.

Die Sorge ist eine zwar ernste aber wohl-
meinende Freundin der Menschen — — — wenn
sie von ihnen verstanden wird. Der Unverstand
macht sie sich zur gefährlichen Feindin.

Das Glück.

Du sagst, du könnest nicht fassen,
 Was du zu fassen hast.
Du brauchsts nur wirken zu lassen,
 So hast du es gefaßt.

Es kommt genau wie die Sonne:
 Auch sie ergreiffst du nicht
Und grüßest sie doch mit Wonne
 Und lebst in ihrem Licht.

Nur darfst du dich nicht entziehen
 Dem oft verkannten Glück.
Wer eilig ist, es zu fliehen,
 Dem kehrts wohl kaum zurück.

Aus dem Geräusch entstehn die Töne;
Die Reglung macht zum Klang den Schall.
Das Häßliche erzeugt das Schöne,
Wenns dem Gesetz gehorcht, allüberall.

Drei Fragen.

Sag, wer du bist! Denk aber vorher nach!
„Ein Mensch bin ich", antwortest du erhaben.
      Ein Mensch? Sonst nichts? Und dennoch, dennoch sprach
Aus dir der Stolz auf dich und deine Gaben.
      Dies letzte Wort berichtet ganz bestimmt
Nicht von Verdiensten sondern von Geschenken,
      Und wer sein ganzes „Sein" als Gabe nimmt,
Der hat wohl Grund, bescheidener zu denken.
Und trotzdem meine ich: Blos Mensch ist mir zu klein;
Ich will weit mehr, ich will viel Größres sein.

❧

      Sag, wo du bist! Du siehst erstaunt mich an
Und sprichst nichts weiter, als „doch hier auf Erden!"
      Wer sich nicht geistig von ihr trennen kann,
Dem wird dies „Wo" niemals begreiflich werden.
      Du bist nicht hier, auch noch nicht wieder dort;
Dein „Wo" liegt dir entrückt, ist nicht zu fassen.
      Dir fehlt der Halt, der feste, sichre Ort;
Es gab ihn wohl, doch hast du ihn verlassen.
Du hängst arachnengleich im eigenen Gespinnst,
Und deine Welt ist, was du dir ersinnst.

Sag, wie du bift! Natürlich bift du gut —
Die Fehler find für Andre nur vorhanden!
    Die deinen aber auch: Sei auf der Hut
Vor Leuten, die vielleicht dich anders fanden!
    Es ift nur Einer gut, nur er allein.
Wer darf an Reinheit fich mit ihm vergleichen?
    Und willft du fo, wie er es fordert, fein,
So kannft du es auch nur durch ihn erreichen.
Zerreiß dein Spinnennetz, und werde dir doch klar,
Daß jeder Faden nur ein Irrthum war!

Man kann die Seele nicht in das Gewand der Tugend kleiden. Die Tugend ist einfach der Ge= sundheitszustand der Seele.

Klarheit.

Schließ ab, schließ ab an jedem Tag des Lebens,
  Und frage dich, zu welchem Zweck du lebst.
Stets mußt du wissen, ob du wohl vergebens,
  Ob mit Erfolg nach diesem Ziele strebst.

Ein kluger Mann will keine einz'ge Stunde
  Im Zweifel über seine Lage sein;
Er fordert von ihr klare, sichre Kunde
  Und prägt sich, was sie sagt, für immer ein.

Wer das nicht thut, der gleicht den armen Frauen,
  Die ohne Oel und nie gerüstet sind.
Sie schlafen fort im blinden Selbstvertrauen
  Und sind, wie dies Vertrauen, selbst auch blind.

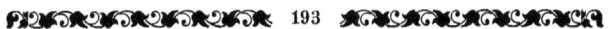

Wer die Güte Andrer für selbstverständlich
hält, wird nie recht dankbar sein können.

Der Mensch.

Es kam ein Gast, von Gott gesandt,
  Herab ins ferne Erdenland,
Um sich in irdschen Stoff zu kleiden
Und mit und in ihm wieder aufzuschreiten.

Nun hält die Fremde am Gewand
  Ihn fest mit neidisch starker Hand
Und lügt, er könne hier auf Erden
Auch ohne Himmel wieder himmlisch werden.

Sie schmeichelt zärtlich dem Verstand,
  Bis ihre List ihn übermannt,
Sich ihr als Pflegling anzutragen
Und seiner Heimath gänzlich abzusagen.

Er opfert die Vernunft als Pfand
Und ist nun so an sie gebannt,
Daß ihn selbst Gott aus seinen Ketten
Allein durch Liebe nicht vermag zu retten.

Es wird darum ihm nachgesandt
Ein starker Engel, Leid genannt,
Der soll den Armen wiederbringen.
Wird es gelingen oder nicht gelingen — —?

Jeder Kritiker sollte, ehe er die Feder in die Hand nimmt, wenigstens sich selbst seinen Befähigungsnachweis vorlegen.

Zuversicht.

Ich bin in Gottes Hand, wo ich auch geh und steh;
  Seit meinem ersten Tag bin ich geborgen.
Er kennt mein Herz mit allem seinem Weh,
  Mit seinen großen, seinen kleinen Sorgen.
Es schützen stetig mich bei Tag und Nacht
  Die lichten Engel, die er mir gesandt;
Drum giebts für mich nichts, was mich bange macht;
  Ich weiß es ja, ich steh in Gottes Hand.

❦

Ich bin in Gottes Hand, die mich so sicher stellt,
  Daß keinem Feind ich in die Hände falle.
Drum fürcht ich mich nicht vor der ganzen Welt,
  So lang ich gläubig seine Pfade walle.
Ich bebe nicht, mag kommen was da will;
  Ich zittre nicht selbst an des Abgrunds Rand;
Er führt mich doch dahin, wohin er will;
  Ich weiß es ja, ich steh in Gottes Hand.

Ich bin in Gottes Hand. Sie hält mich treu und fest
   Wenn andre Hände gierig nach mir fassen.
Da sein Erbarmen nimmer mich verläßt,
   So müssen sie doch endlich von mir lassen.
Mit ihm vereinigt mich für alle Zeit
   Mein Glaube als ein unzerreißbar Band.
Sein Eigenthum bin ich in Ewigkeit;
   Ich steh und bleib in meines Gottes Hand.

Schon mancher Mensch hat, als er den Muth
faßte, seinem Feinde in das Angesicht zu schauen,
ihn achten und sogar lieben gelernt und ist sein
Freund geworden. So ist es auch auf geistigem
Gebiete. Nur Muth! Gegenströmungen gar nicht
an sich herankommen zu lassen, entnervt und ist
eine Feigheit, welche sehr leicht zur Ungerechtigkeit
wird.

In tiefer Noth.

So, wie der Hirsch nach frischem Wasser schreit,
   So rufe ich, o Herr, nach deiner Güte.
Ich ging von dir hinweg so weit, so weit;
   O werde im Verzeihen nimmer, nimmer müde!

So, wie der Hirsch nach frischem Wasser schreit,
   So rufe ich, o Herr, nach deiner Gnade.
Send mir die Fluthen der Barmherzigkeit,
   In denen ich mich rein von meinen Sünden bade!

So, wie der Hirsch nach frischem Wasser schreit,
   So rufe ich, o Herr, nach deinem Segen.
Erlaube mir, mit meinem Herzeleid
   Vor deinem Throne tief mich in den Staub zu legen!

So, wie der Hirsch nach frischem Wasser schreit,
   So steh ich am Verschmachten, am Vergehen.
Es ist die höchste, allerhöchste Zeit;
   O laß dich, Herr und Vater, laß dich doch erflehen!

Wir lächeln mitleidig über den Gespenster=
aberglauben und ahnen gar nicht, wie viele Ge=
spenster wir uns selbst geschaffen haben, um uns
vor ihnen gruseln zu können.

Das heilige Land.

Siehst du die Berge kahl sich legen
  Fernhin, so weit das Auge reicht?
Ein Schreien ists um Thau und Regen,
  Und Gott, der Herr, erhörts vielleicht.

So liegt vor seinem Angesichte
  Der Orient in heißem Flehn
Und fordert von der Weltgeschichte
  Sein Recht, sein geistig Auferstehn.

Und dieses Recht, es gilt auf Erden;
  Es werde ihm von uns gebracht:
Sobald wir wahre Christen werden,
  Ist er mit uns vom Tod erwacht.

Man spricht vom Leben jedes einzelnen Men=
schen; ebenso könnte man von dem Sonnenlichte,
von der Luft jeder Person sprechen. Auch das
Leben ist ein Ganzes. Nicht das Leben tritt in
das Geschöpf, sondern das Geschöpf tritt in das
Leben ein.

Klage.

Mich jammert dein, du armer, armer Stern,
Geschaffen einst wie alle andern Welten,
    Daß dein Geschlecht dies möge Gott, dem Herrn,
Durch Liebessinn und Liebesthat vergelten.

✻

    Nun wartet er von Anbeginn der Zeit
Bis heutgen Tags, doch wartet er vergebens.
    Es scheint, als sei ununterbrochner Streit
Der erste und der letzte Zweck des Lebens.

✻

    Die Sonne sendet Fluthen dir des Lichts,
Daß dir das Herz erwärmt, geöffnet werde;
    Von Liebe aber, Liebe, sieht sie nichts;
Wo hast du deinen Dank, du Volk der Erde?!

Indem wir denken, verwandeln wir Körperliches unausgeſetzt in Geiſtiges und tragen dadurch unſer Theil bei zur Rematerialiſation des Stoffes in Kraft.

Nachruf.

Wo gingst du hin? Ich weiß es leider nicht.
Du gingst und bist wahrscheinlich doch geblieben.
　Obzwar die Trauer gern vom Scheiden spricht,
Der Himmel hats wohl anders vorgeschrieben.
Du hörst vielleicht mein Wort, hörst meine Fragen,
　Doch ahne ich, du weißt es selbst schon kaum,
Und fühlst du es, so kannst du es nicht sagen;
　Im Grabe spricht kein Schläfer mehr im Traum.

Wo gingst du hin? O wüßte ich es doch!
Ich muß ja auch denselben Weg einst gehen
　Und werde in der letzten Stunde noch
Mit dieser Frage vor der Pforte stehen.
Denselben Weg? Und auch dieselbe Pforte?
　Wer darf wohl sagen ja, und wer wohl nein!
Giebt es denselben Ort am selben Orte?
　Und wer da kommt, tritt der auch wirklich ein?

Wo gingst du hin? Ist diese Frage klar?
Ist wohl die Trennung örtlich zu verstehen?
　Wo hier der Mensch mit seiner Seele war,
Dorthin wird sie, sobald sie frei ist, gehen.
Wir waren Eins im Glauben und im Lieben;
　Du trachtetest wie ich nach Gottes Licht;
So sind wir also doch vereint geblieben
　Und beide glücklich; ich verlor dich nicht!

Ob sich wohl die Bewohner der Sterne, wenn es welche giebt, in derselben Weise mit den Bewohnern der Erde beschäftigen, wie diese mit ihnen?

Wahrheitstraum.

Ich bin im Traum gewesen
　Am einstgen Paradies
Und hab ein Blatt gelesen,
　Das streng zurück mich wies.

❧

Ich hab im Traum gesehen
　Ins Innre mir alsbald
Und wie es konnt geschehen,
　Daß dieses Blatt mir galt.

❧

Ich konnt im Traume schauen
　Weit über alle Zeit
Und fühlte da ein Grauen
　Vor meiner Ewigkeit.

❧

Und als ich dann erwachte,
　Blieb mir ein Ahnen kaum
Von dem, was er mir brachte,
　Doch wars ein Wahrheitstraum.

14

Nun sinn ich täglich, stündlich,
　　Was auf dem Blatt wohl stand;
Es ist mir unergründlich
　　Und bleibt mir unbekannt.

Doch wenn ich im Gebete
　　Zu meinem Gott und Herrn
Recht gläubig, innig trete,
　　So sagt er mir es gern.

Dann macht der Traum als Wahrheit
　　Mich von der Sünde rein,
Und ich tret in die Klarheit
　　Des Paradieses ein.

Der Dank ist wohl das aller=, allereinzige Ver=
dienst, welches sich der Mensch vor Gott erwerben
kann. Wie leer, wie traurig leer sind also die
Hände des Undankbaren!

Guter Rath.

Laß dich führen; laß dich führen,
  Ob du redeſt, ob du handelſt;
Thuſt du das, ſo wirſt du ſpüren,
  Daß du unter Leitung wandelſt.

Laß dich leiten; laß dich leiten;
  Du allein kannſt nichts erringen.
Auf den Berg der Seligkeiten
  Tragen dich nur Engelsſchwingen.

Laß dich tragen; laß dich tragen
  Ohne Wehr und Widerſtreben;
Dann wird dir ein Himmel tagen,
  Den kein Menſch vermag zu geben.

Wenn ein Kanzelredner, und sei er noch so gewandt, nicht aus dem Leben redet, so spricht er auch nicht für das Leben.

Zufall.

Gieb dich nicht hin dem irrigen Gedanken,
  Daß du ein Spielball blinden Looses seist.
Befreie dich von deinen engen Schranken,
  Und such nach ihm, der für dich Zufall heißt.

Du wirst sehr bald ein göttlich Walten spüren,
  Wohin du blickst, sei nah es oder fern,
Und dies Empfinden wird dich weiter führen,
  Bis du sie deutlich fühlst, die Hand des Herrn.

Zwar wird von ihr dem Unverstande nimmer
  Das, was er will, schnell in den Schooß gelegt,
Doch kennt die Weisheit und die Liebe immer
  Den Wunsch, der sich in deinem Herzen regt.

Und ist die Sonne heute dir entschwunden,
  So wirst du sie schon morgen wiederschaun.
Es hängt der Rathschluß Gottes nicht an Stunden;
  Er fordert nur Gehorsam und Vertraun.

Der Fürst soll für des Volkes und das Volk
für des Fürsten Wohlfahrt sorgen. Nur wenn
beides geschieht, ist das richtige, beglückende Ver=
hältnis da.

Abschied.

Ade, ade! Ich ziehe von dir fort,
Kenn nicht das Ziel, kenn weder Zeit noch Ort.
  Das Auge weint; es thut das Herz mir weh,
  Doch zag ich nicht. Ade, ade, ade!

Ade, ade! Ich ziehe von dir fort
Und nehm den Glauben mit als meinen Hort.
  Er kündet mir, indem ich von dir geh,
  Ein Wiedersehn. Ade, ade, ade!

Ade, ade! Ich ziehe von dir fort
Und sage dir ein liebes, schönes Wort:
  Wenn ich auch nicht an deiner Seite steh,
  Es schützt dich Gott. Ade, ade, ade!

Man spricht so oft von höherer Inspiration
und hat doch nicht den Muth, zu sagen, woher sie
kommt.

Schweigen.

Geh still, geh still durchs Leben hin!
Geräusch wohnt nur im Hohlen, Leeren,
   Und nie wird edler Mannessinn
Sich durch Trompetenschall entehren.
   Schließt deines lautern Wortes Gold
Den Demant des Gedankens ein,
   So sei die Sparsamkeit ihm hold
Und lasse es nicht billig sein.

❦

Sei still, wenn deine Eigenart
Jetzt noch nicht Anerkennung findet.
   Du weißt ja, wer die Kränze spart
Und wem die Nachwelt einst sie windet.
   Vor Allem dann sei still, ganz still,
Und geh nicht ein auf niedern Zwist,
   Wenn dich der Neid befeinden will,
Weil du ihm überlegen bist.

Siehst du dich deines Ziels bewußt
Und weißts auf gutem Grunde stehen,
So ist es für dich kein Verlust,
Den Weg allein und still zu gehen.

Steig weiter nur, bergan, bergan,
Wie deine ernste Pflicht es will,
Und da man dir nicht folgen kann,
Wirds ganz von selbst da unten still.

Was uns an Vorzügen des Geistes abgeht, das müssen wir durch das Streben nach guten Eigenschaften des Herzens zu ersetzen suchen.

Ernste Weisung.

Laßt euch ein ernstes Wort der Liebe sagen,
  Und grabt es tief in eure Herzen ein:
Der Starke hat den Schwachen hier zu tragen,
  Und dieser soll ihm dafür dankbar sein.

Es ist das Beider Pflicht, vom Herrn geboten,
  Und wer sie nicht erfüllt, hat einst und dann
Als seelisch Todter bei den seelisch Todten
  Weit mehr zu tragen, als er tragen kann.

Und wer sich weigert, hier den Dank zu zollen,
  Wenn ihn die Hülfe liebevoll umarmt,
Der wird einst gerne, gerne danken wollen,
  Doch Niemand finden, der sich sein erbarmt.

Die Erziehung auf der Erde ist nur eine kurze Episode unserer Entwickelung für jenes einstige Leben, das wir ahnungsvoll Seligkeit nennen.

Der Feind.

Auf, wappne dich, ein Held zu sein;
　Es gilt ein Ringen sondergleichen.
Nicht hüll dich in den Panzer ein;
　Nicht sollst das Schlachtroß du besteigen.
Es ist kein glänzendes Turnier
　Mit einem ebenbürtgen Recken,
Und doch gleicht er in Allem dir
　Und ist ein Hüne zum Erschrecken.

Entstammt dem niedrigsten Geschlecht
　Und trotzger Gegner allen Rechtes,
Ist er ein ungetreuer Knecht
　Und doch der strengste Herr des Knechtes.
Nicht edlen Waffengang gewohnt,
　Hat er die Tücke sich erkoren,
Und wen im Streite er verschont,
　Der ist gewiß erst recht verloren.

Auf, wappne dich; er kommt nicht erſt;
    Er iſt ſchon da, iſts ſtets geweſen.
Wie ſorglos du mit ihm verkehrſt,
      Kannſt du in deinem Herzen leſen.
Und fragſt du doch: „Wer iſt gemeint?
    Ich kann mich ſeiner nicht erinnern,“
So wiſſe es: Dein ärgſter Feind,
    Er wohnt in deinem eignen Innern.

Es ist Gesetz im Himmel und auf Erden:
Wer tragen will, muß selbst getragen werden.

Deine Welt.

Denk stets an dich! Nie darfst du dich vergessen.
  Wer sich vergißt, denkt immer nur an sich.
Es wurde deine Welt dir zugemessen
  Niemals für dich und dennoch nur für dich.
Nimm sie nur hin! Sie ist ja ganz dein Eigen,
  Und dennoch soll sie nicht dein Eigen sein.
Nie darf sie dir sich unterthänig zeigen,
  Und trotzdem ist sie dein, nur immer dein.
Wer an sich denkt und seine Welt bezwingt,
Macht sich zur Gabe, die der Welt er bringt.

Vergiß dich ganz! Nie darfst du an dich denken.
  Wer an sich denkt, vergißt sich ganz und gar.
Strebst du, in deine Welt dich zu versenken,
  Wird sie nur dir, doch nur für Andre klar.
Gieb sie nur hin! Du darfst sie nicht behalten,
  Denn dann, erst dann nimmst du Besitz von ihr.
Hör niemals auf, als Herr sie zu verwalten,
  Denn keinen Augenblick gehört sie dir.
Wer sich vergißt und in die Welt versenkt,
Hat sich und sie dem Herrn zurückgeschenkt.

Die Zahl der Unmündigen kann nicht ausge=
sprochen werden; es giebt nur einen einzigen Mün=
digen: Gott.

Sein ist die Zeit.

Dich hör im Leide oft ich klagen,
  Daß du von Gott verlassen seist.
Wie darfst du so zu lästern wagen!
  Ihn, den der Himmel Loblied preist!
Vertraue; sei nicht ungeduldig,
  Und denk an die Gerechtigkeit.
Gott bleibt dir keinen Heller schuldig,
  Doch zahlt er nur zu seiner Zeit.

Und dich hör ich im Glück oft sagen,
  Daß du von Gott erlesen seist.
Wie darfst du so zu lästern wagen!
  Ihn, den der Himmel Loblied preist!
Er ist mit dir nichts als geduldig;
  Spiel nicht mit der Gerechtigkeit!
Gott bleibt dir keinen Heller schuldig,
  Doch zahlt er nur zu seiner Zeit.

Der Verkehr der Volksseelen soll nur ein fried=
licher sein. Angriffs= und Vertheidigungswaffen
sind ihnen fremd. Werden sie ihnen aufgezwungen,
so giebt es nur scheinbare Siege, aber wirkliche
Niederlagen.

Eine Freundesstimme.

Du warst bei mir, an meinem Grabe,
　　Hast nach dem Blumenkranz geschaut.
Er war die letzte Erdengabe,
　　Vor der im Leben mir gegraut.

☙

O, wüßtest du, wie man empfindet,
　　Wenn solchen Kranz man liegen sieht
Und sich hinausgetragen findet
　　Beim Sterbe-, beim Begräbnißlied!

☙

O, könntest du — — — doch muß ich schweigen;
　　Verstorbenen versagt das Wort,
Denn wiß, es giebt lebendge Leichen
　　Und todte Geister hier wie dort. — — —

☙

Du warst bei mir, an meinem Grabe,
　　Hast nach dem letzten Kranz geschaut.
Wie hat mir einst vor dieser Gabe
　　Und vor dem letzten Lied gegraut!

Und dieses Graun blieb unverstanden,
　　Wie's auch zu dir vergebens spricht;
Die Mahnung Gottes war vorhanden,
　　Jedoch bei uns der Glaube nicht.

Nun möcht ich dir wie gern gestehen,
　　Daß wir gefehlt, daß wir geirrt,
Sonst muß es dir wie mir ergehen,
　　Wenn dir nicht baldigst Hülfe wird. — — —

O, komm noch oft zu meinem Grabe;
　　Knie nieder dort, und bete still,
Und was ich dir zu sagen habe,
　　Sagt dir dein Herz — — — so Gott es will!

Was gab dir Gott?

Er gab dir Alles, aber auch Alles, was du bist und was du haft.

Was giebst du ihm? Bitte, zähle es auf!

Das Volkslied.

Wach auf, wach auf, du deutscher Wald;
  Laß deinen Sang nicht schweigen!
Ich such und such, ob sich wohl bald
  Ein Kehlchen möge zeigen.
Der Häher schreit am Wasserfall;
  Der Ammer zankt im Ried,
Doch wo, wo bleibt die Nachtigall
  Und wo der Drossel Lied?

❦

Hörst du denn nicht der Aexte Schlag
  Durchs Heiligthum erschallen,
Und siehest du nicht Tag für Tag
  Die Säulen niederfallen?
Berechnend tritt der Tod heran,
  Vor dem das Leben flieht,
Und wenn es stirbt und schwindet, dann
  Stirbt mit ihm auch das Lied.

Wach auf, wach auf im Dichterwald,
  Du Sang, der einst erklungen!
Wirst du im neuen Reich nicht bald
  Auch wieder neu gesungen?
Ich such den klaren, warmen Ton,
  Der durch die Herzen zieht.
Der Worte giebt es Legion;
  Wo aber bleibt das Lied?

Siehst du denn nicht die heilge Kunst
  Ins Ausland betteln gehen,
Weil um der Magdalenen Gunst
  Die hagern Dichter flehen?
Such nicht, such nicht nach Liebesdank
  Bei der, die man verrieth,
Denn ist des Volkes Seele krank,
  Krankt auch des Volkes Lied.

Es gingen hundert Menſchen in die Kirche;
aber nur einem von ihnen merkte man es noch am
nächſten Tage an, daß er am vorhergehenden in
der Kirche geweſen war.

Dichterwunsch.

Hat meine Stunde einst geschlagen,
　Die ernsteste, die es wohl giebt,
So soll kein Herze um mich klagen,
　Und wenn es noch so sehr mich liebt.
Ich habe mich dann durchgerungen
　Und werf das enge Kleid von mir,
Hab meine Seele freigesungen,
　Geh heim, doch noch nicht fort von hier.

❧

Es lag in mir ein doppelt Leben;
　Das eine kennt die Erde nicht;
Das andre hab ich euch gegeben;
　Es wurde für euch zum Gedicht.
Macht dieses Leben euch zu Eigen;
　Denkt und empfindet euch hinein,
So werde ich die Hand euch reichen
　Und niemals ferne von euch sein.

❧

Drum trauert nicht, wenn mir die Stunde,
 Die mich zum Vater ruft, einst schlägt.
Sie bringt mir ja die frohe Kunde,
 Nach der mein Herz Verlangen trägt.
Ihr Ernst wird mir die Wangen bleichen,
 Doch wenn ihr um mich steht und bebt,
So wird sich auch mein Glaube zeigen:
 „Ich weiß, daß mein Erlöser lebt.“

    ❦

Dann, wenn ihr seht, daß ich geschieden,
 Daß ich, man sagt, gestorben bin,
So stört mir nicht den Himmelsfrieden,
 Begrabt mich nur nach meinem Sinn.
Auch todt will ich die Hände halten
 So fromm, wie ihr es täglich seht.
Ich bitte euch, sie mir zu falten,
 Als läge still ich im Gebet.

    ❦

Legt eine einzge, kleine Blume
   Mir auf die eingesunkne Brust.
Ihr wißt, ich hielt nichts von dem Ruhme,
   Ich war der Fehler mir bewußt.
Tragt mich hinaus, nicht mit Gepränge;
   Es ist des Sünders letzter Gang.
Vermeidet prahlerische Klänge;
   Wählt einen ernsten Bußgesang.

         ❦

Dann sollt ihr in das Grab mich legen,
   Die Handvoll Erde mit hinein,
Und eines Priesters Gottessegen,
   Der soll und wird mein Helfer sein.
Ein Denkmal ist euch streng verboten,
   Doch sei der Hügel grün berankt.
Mit Erz und Stein dankt man den Todten;
   Ich weiß, daß ihr mir besser dankt.

         ❦

Ich will ja nicht von hinnen scheiden,
  Und ihr, ihr laßt mich auch nicht fort;
Der Tod wird zwar mich anders kleiden,
  Doch wechsele ich nicht den Ort.
Den Körper trägt man wohl zu Grabe,
  Den Menschen und den Dichter nicht.
Der Eine sei euch Himmelsgabe;
  Der Andre bleib euch — — kein Gedicht!

Viele Menschen setzen nur deshalb die Worte Kraft, Natur, All 2c. 2c. für Gott, um sich der persönlichen Verehrung und Verantwortung zu ent= heben.

Erdenleid.

Siehst du das Leid der Erde
  An deinem Lager stehn,
So denke nicht, es werde
  Schon morgen wieder gehn.

❧

Es wird das Leid der Erde
  Aus Liebe dir gesandt,
Daß es dein Führer werde
  Hinauf ins Vaterland.

❧

Es bleibt das Leid der Erde
  Dir treu, so lang du lebst,
Damit errungen werde
  Der Sieg, den du erstrebst.

16

Es geht das Leid der Erde
   Selbst in den Tod mit dir,
Auf daß es dort dir werde
   Das Gegentheil von hier.

So nimm das Leid der Erde
   Gern auf als Kamerad,
Daß es zur Freude werde,
   Wenn sich der Himmel naht!

Wer die Begriffe Kunst und Moral trennt,
der ist entweder gar kein oder kein wahrer Künstler.

Das Ich.

„Ich bins!"

      Jawohl, du bifts, mein Ich;
  Gestatte mir, dich zu erkennen!
Du rühmst und lobst und brüstest dich,
  Stets fertig, dich mein Ich zu nennen.
Doch, seh ich dich mir in dem Licht
  Der Wirklichkeit genauer an,
So bist du es und doch auch nicht.
Du weißt, was ich nicht sagen kann!

         ⚜

„Ich wills!"

      Jawohl, du willsts, mein Ich;
  Gestatte mir nur, dich zu kennen!
Du rühmst und lobst und brüstest dich,
  Sets fertig, dich mein Ich zu nennen,
Du hast schon viel, schon viel gewollt,
  Doch, sah ich mirs genauer an,
So war es nie, was ich gesollt.
  Du weißt, was ich nicht sagen kann!

„Ich kanns!"

　　　　　　Jawohl, du kannſts, mein Ich;
　Geſtatte mir nur, dich zu kennen!
Du rühmſt und lobſt und brüſteſt dich,
　Stets fertig, dich mein Ich zu nennen.
Du haſt ſchon viel, ſchon viel gekonnt,
　Doch, ſah ich mirs genauer an,
So haſt du dich in mir geſonnt.
　Du weißt, was ich nicht ſagen kann!

„Ich ſchweig!"

　　　　　　Jawohl, mein liebes Ich;
　Geſtatte mir, dies klug zu nennen!
Du biſt nur Staub, nur Staub für mich,
　Und von dem Staub muß ich mich trennen.
Denn, ſeh ich dich mir in dem Licht
　Der Ewigkeit genauer an,
So brauche ich dich einſtens nicht.
　Das iſts, was ich dir ſagen kann!

Früher hatte man Schüler; heut macht man Schule.

Wo?

Wo liegt dein Heil? Liegt es in deinem Leibe,
　Für den du dich und tausend Andre plagst?
Denkst du, daß er dein Mittelpunkt verbleibe,
　Um den du dich im Kreise treibst und jagst?
Du widmest ihm fast jeden der Gedanken,
Und deine Pläne, deine Wünsche ranken
　Sich nur um dieses theure Götzenbild,
　Das dir als Krone aller Schöpfung gilt.

❧

Schau dir ihn an! Sieh krank und siech ihn liegen
　Zu seiner eignen und des Nächsten Pein!
Der winzigste Bacill kann ihn besiegen,
　Der kleinste Fehltritt ihm verderblich sein.
Betrachtest du sein Kommen und sein Gehen,
So wirst du's nicht begreifen, nicht verstehen,
　Daß dieser Schwächling dir als fester Halt
　Für deinen Geist, für deine Seele galt.

❧

Nun denke nach! Er selbst wird ja gehalten
   Anstatt daß er zu stützen je verstand:
Die Liebe will das Kind zum Mann gestalten;
   Sie thut es freundlich durch die Elternhand.
Die Gattenliebe führt ihn dann durchs Leben,
Um Festigung und Reife ihm zu geben,
   Und wenn er scheiden geht, sagt ihm das Weh
   Der Liebe seiner Kinder noch Ade.

❧

Weißt du es nun? Es geht und strahlt die Liebe
   Für alle Welt von Gottes Himmel aus,
Und ob sie lange, ob sie kurz nur bliebe,
   Sie kommt und weilt und wirkt in jedem Haus.
Sie ist die einzge Stütze jedes Lebens;
Ein Leben ohne Liebe ist vergebens,
   Denn wo sie fehlt, da flieht das innre Glück,
   Und dann bleibt freilich nur der Leib zurück.

❧

Wo liegt dein Heil? O, laß dich doch belehren;
   Die Leibesforge bietet dir es nicht,
Du haft fortan nach innen dich zu kehren,
   Wo Gott durch deine Seele zu dir spricht.
Und diese Stimme wird auf deine Fragen
Dir jederzeit die rechte Antwort sagen.
   Nur sie, nur sie verkündet dir dein Heil,
   Und folgst du ihr, so wird es dir zu theil.

Haſt du ſchon einmal das reine, ſelbſtloſe Glück empfunden, welches aus dem wahren, freudigen Gehorſam fließt? Dann, aber auch nur dann haſt du mit Seligkeit gefühlt, daß das, was du ihm aufopferſt, für dich und Andere einen Werth beſitzt. Und dieſe unſchätzbare Belohnung iſt es, welche dem Gehorſam ſchon und blos aus ſich ſelbſt erwächſt.

Entwickelung.

Kennst du den Stoff? Ich kenne ihn noch nicht;
  Ich hab noch kein Atom, kein Molekül gesehen.
Er liegt zwar vor mir, schwer genug und dicht,
  Doch sein Entstehn ist leider ohne mich geschehen.
Ich weiß nur, daß er sich verändert, schwindet,
  Und frage fleißig mich: Wozu, wohin?
Und wenn dann meine Kraft die Antwort findet,
  Erfahr ich nur, daß ich ein Stoff auch bin.

❧

Kennst du die Kraft? Ich kenne sie noch nicht;
  Ich hab von ihr bisher die Wirkung nur gesehen.
Zwar hör ich's, daß sie Stahl und Felsen bricht,
  Doch ihr Entstehn ist leider ohne mich geschehen.
Ich weiß nur, daß sie mir zuweilen schwindet
  Und frage forschend mich: Warum, wohin?
Und wenn sodann mein Geist die Antwort findet,
  Erfahr ich nichts, als daß auch Kraft ich bin.

Kennst du den Geist? Ich kenne ihn noch nicht,
Ich habe nur Beweise, daß er wirkt, gesehen.
　Zwar hör ich seine Stimme, wenn er spricht,
Doch sein Entstehn ist leider ohne mich geschehen.
　　Ich weiß nur, daß auch er dem Menschen schwindet,
　　Und frage mich erstaunt: Weshalb, wohin?
　　Und wenn die Seele dann die Antwort findet,
　　Erfahr ich nichts, als daß auch Geist ich bin.

Kennst du die Seele? Nein, du kennst sie nicht,
Und auch mein Auge hat noch keine je gesehen.
　Sie ist zwar meines Daseins Zuversicht,
Doch ihr Entstehn ist leider ohne mich geschehen.
　　Ich weiß nur, daß sie uns nie, niemals schwindet,
　　Schwebt sie auch oft zu ihrem Ursprung hin,
　　Und weil mein Glaube mich mit ihm verbindet,
　　Weiß ich von dort, daß ich auch Seele bin.

Das Leben bringt genug Wolken. Schaffe dir nicht auch selbst noch welche! Sie enthalten den Blitzstoff, den du nicht beherrschen kannst.

Schön.

Du warst kein sogenanntes „schönes" Kind.
Auch ich ward nicht vom Arm des Glücks getragen.
 „Wie häßlich diese beiden Kleinen sind!"
So hörte über uns wie oft ich sagen.

 Das hat so wehe, wehe mir gethan,
Nicht etwa meinet=, sondern deinetwegen.
 Was diese Oberflächlichen nicht sahn,
Für mich hats nicht zu tief in dir gelegen,
Denn als ich einst vor Hunger leise weinte,
 Hast du, selbst hungrig, mir dein Brot gebracht,
Und das, das wars, was uns fortan vereinte,
 Weils dich für mich so schön, so schön gemacht.

🐝

 Wir kannten nicht der Jugend Sonnenschein;
Wir lebten; aber schwer war es, zu leben.
 Den kargen Trost, den haben wir allein,
Du mir, ich dir im Stillen uns gegeben.
 Wir waren häßlich, aber ohne Neid;
Wir waren arm, doch fleißig und zufrieden
 Und darum immer, immer dankbereit
Für das, was uns der liebe Gott beschieden.
Und als wir endlich am Altare standen,
 Wo dir an Stolz und Demuth Keine glich,
Und wir für ewig, ewig uns verbanden,
 Wie warst du da so schön, so schön für mich!

Führt mich mein Herz in jene Zeit zurück,
Wie muß ich da im Tode noch dich lieben!
　Ein kleines Häuschen, doch ein großes Glück;
Das Häuschen wuchs; das Glück ist ihm geblieben.
　Du bautest es mit mir zu einem Haus,
In dem der Himmel auf der Erde wohnte.
　Du gingst als seine Seele ein und aus,
Die meinen Fleiß fast überreich belohnte.
Mir wars, wenn du so still und fromm gewaltet,
　Als stündest du in heilger Engel Dienst,
Und niemals ist mein Herz für dich erkaltet,
　Weil du mir stets so schön, so schön erschienst.

❀

　Wie gern, wie gern ich dich als Mutter sah!
Bin ich denn deiner wirklich werth gewesen?
　Ich glaub es nicht, obgleich es oft geschah,
Daß ich in deinem Aug ein Ja gelesen.
　Du gabst mir lächelnd immer, immer Recht,
Wenn wir um die Erziehung Rath gepflogen,
　Doch ward nicht nur das jüngere Geschlecht,
Nein, auch der Vater wurde mit erzogen.
Erzogen? Ja: Du öffnetest die Pforte
　Und führtest uns hinauf zu Gottes Höhn.
Dein Beispiel wars; es waren nicht die Worte,
　Und dieses Beispiel war so schön, so schön!

❀

Du spannst so gern, so heimlich, ungesehn;
Sogar auch mir verbargst du deinen Faden.

Doch war die stille, gute That geschehn,
So hab ich deine liebe Hand errathen.

So spannst du fort. Wir wurden beide grau,
Doch spannst du weiter, immer, immer weiter.

Du spannst, glaub ich, du liebe Herzensfrau,
In deiner Güte unsre Himmelsleiter.
Ich seh dich heute noch, so freundlich sinnend,
Wie ich dich einst, als du noch lebtest, sah,
An einem neuen Liebeswerke spinnend,
Und fühls: Wie schön, wie schön warst du mir da!

❦

Als du mir schiedest, welch, o welch ein Tag!
Wars nur der Sarg? Sah ich auch dich versenken?

Ich will die Todte nicht, die vor mir lag,
Denn ich kann dich mir nur als lebend denken.

Du giebst ja noch; du giebst durch meine Hand;
Sie ist ja dein, durch Liebe dir erworben.

Du wirkst noch so, wie ichs von dir gekannt,
Bist bei mir, in mir, bist mir nicht gestorben.
Du zeigst dich nicht, doch fühl ich deine Nähe,
Und dies Gefühl, fast gleicht es dem Gesicht.
Wenn ich dich jetzt, jetzt vor mich treten sähe,
Wie schön wärst du, wie engelgleich, wie licht!

Kannst du dir über Wesen und Zweck des
Bösen nicht klar werden, so denke an den Stoff=
wechsel, den nicht nur der Körper sondern auch die
Seele hat. Sie ist rein und soll es bleiben. Sie
nimmt, grad so wie der Körper, Nahrung auf. Das,
was ihr dienlich ist, soll sie behalten, das Andere
aber ausscheiden. Thut sie Letzteres nicht, so tritt
Vergiftung ein — — die Sünde ist in dir. Nenne
sie Erbsünde, weil das Nahrungsbedürfniß ein an=
ererbtes ist.

Das Waldes Seele.

Es war im Wald. Die Bäume alle schliefen;
   Der Mond belauschte lächelnd ihren Traum.
Die Schatten lagen ruhig in den Tiefen;
   Die Welle küßte still des Weihers Saum.

✻

Da kam ein linder, milder Hauch gezogen,
   Des Träumenden gewürzger Athemzug,
Der in des Maienduftes zarten Wogen
   Des Waldes Seele auf zum Himmel trug.

✻

Dort schwebte sie zur ewgen Gnadenquelle,
   Vor der die Bitte um das Leben kniet,
Und wie vom Vöglein an der Waldkapelle
   Erklang ihr sanftes, frommes Klagelied:

✻

„Es preisen dich des Firmamentes Heere,
  Auf deren Licht dein Ruhm herniederschallt.
Von ihm erfüllt sind alle Weltenmeere;
  Im Thau und Regen trinkt ihn auch der Wald.

❧

„Von da soll er aus tausend Quellen fließen,
  Dem Erdenland zum Heil und Segen sein,
In alle Flüsse, Ströme sich ergießen
  Und dich verkünden, Vater, dich allein.

❧

„Doch schau hinab! Die Menschen, die du segnest,
  Begreifen deine Gottesweisheit nicht.
Die Liebe, die du ihnen niederregnest,
  Wird ihrem Unverstand zum Strafgericht.

❧

„Sie haben weder dich, o Herr, verstanden,
  Nach deines freundlichsten Gesetzes Sinn;
Drum handeln sie, als sei ich nicht vorhanden,
  Obgleich ich ihnen unentbehrlich bin.

❧

„Laß mich nicht sterben, laß mich nicht verschmachten,
   Sonst ists auch um ihr eignes Heil geschehn.
Lehr sie, den Wald mit Liebe zu betrachten,
   Damit sie endlich seine Seele sehn!"

✦

Sie schwieg und senkte wartend ihren Schleier;
   Der Traum entfloh; es war die Nacht vorbei.
Die Erde lag in stiller Morgenfeier;
   Ein Glöcklein kündete, daß Sabbath sei.

✦

Der Wald erwachte, und der Vöglein Lieder
   Erklangen jubelnd über Berg und Thal.
Die Seele kehrte aus dem Himmel wieder,
   Getragen von dem ersten Sonnenstrahl.

✦

Sie tauchte in des Weihers klare Welle
   Und stieg sodann ans thauesfrische Land,
Empfangen von dem Kehlchen der Kapelle,
   Bei dem sie nun des Vaters Antwort fand:

✦

„Ich ließ für dich das Sabathglöcklein läuten:
  Es läutete den Waldesfrieden ein.
Das hat für dich Erhörung zu bedeuten;
  Du sollst fortan dem Menschen heilig sein.

„Er wird nun deine Sänger nicht nur hören;
  Er wird das, was sie singen, auch verstehn:
‚Hör auf, hör auf, die Wälder zu zerstören,
  Sonst wirst mit ihnen du auch untergehn!‘“

Wie der Untergang der Sonne für den Westen
der Erde ihren Aufgang bringt, so bedeutet der
Tod für eine andere Himmelsgegend eine Geburt.

Sonnenschein.

Sei lieb; sei gut, und zürne nicht!
　Warum willst du nicht gütig sein?
Dein Leben sei wie ein Gedicht,
　Das Titelwort „Nur Sonnenschein".

❦

Schau dir die liebe Sonne an!
　Ihr Segen reicht so weit, so weit.
Sie leuchtet nicht blos dann und wann;
　Sie thut es stets, zu aller Zeit.

❦

Sie küßt die Sterne ohne Wahl;
　Sie weiß von Gunst und Vorzug nichts.
Es trifft den Berg wie auch das Thal
　Die ganze Fülle ihres Lichts.

❦

Und daß sie keinen Dank begehrt,
　Das weißt du wohl schon längst von ihr.
Sie denkt ja, was sie dir bescheert,
　Gehöre Alles, Alles dir.

Was man auf Erden von ihr meint,
　Das stört sie nicht in ihrem Lauf.
Sie hat geschienen, und sie scheint;
　Sie hört auch nicht zu scheinen auf.

Sei lieb; sei gut, und zürne nicht;
　Denk immer an den Sonnenschein;
Dann wird dein Leben ein Gedicht
　Des Himmels für die Erde sein!

Wer ahnt, der ist gewarnt worden. Von wem? Denke darüber nach!

Das Vaterhaus.

Hab Dank, hab Dank, du liebes Vaterhaus!
Du schirmtest meiner Jugend selges Leben.
　Wie denk ich dein und denk es doch nicht aus,
Was du mir warst und was du mir gegeben.
Kein einziger von allen Erdenorten
　Wird jemals so, wie du, mir heilig sein,
Denn was ich bin, bin ich durch dich geworden;
　Das weiß ich nun; ich seh es endlich ein.

❧

Ich mußte fort von dir und meinem Glück,
Hab nirgendwo ein andres Glück gefunden.
　Dann kehrte ich zu spät, zu spät zurück,
Denn als ich kam, da warest du verschwunden.
Doch hab ich dich ganz so, wie du gewesen,
　In meinem Herzen wieder aufgebaut
Und steig zu dir hinab, um zu genesen,
　Wenn ich mich an der Welt hab krank geschaut.

Hab Dank, hab Dank, du lichtes Vaterhaus!
Du warst ein Gnadenwerk, von Gott geschehen.
    Du dehntest deine Hallen um mich aus,
Und ich, das Kind, ich hab sie nicht gesehen.
Doch, als ich dann die Räume meiner Jugend
    Bei meiner Heimkehr nicht mehr stehen sah,
Da standest du, hell wie die Himmelstugend,
    Vor meinem innern Auge plötzlich da.

Ich sehne mich hinauf, zu dir empor.
Ich glaube ja und möchte gern auch hoffen.
    Wie groß, wie weitgeöffnet ist dein Thor;
O stünde es für mich, für mich auch offen!
Ich seh den Weg und will ihn ernstlich gehen;
    Der Hüter winkt; er läßt, er läßt mich ein!
Ich muß hinauf, darf nicht mehr wartend stehen;
    Ich will in meinem Vaterhause sein!

Wir sprechen von unserm geistigen Auge, aber nicht von unserer geistigen Zunge. Sie ist ebenso vorhanden, wie das Auge des geistigen Erkennens. Und wo, wann, wie und was sie redet und erzählt, wenn wir das Alles wüßten!

Die Ehe.

Betrachte dich, und werde, was du bist!
Ein Mann bist du, und hasts doch erst zu werden.
  Weißt du vielleicht, was an dir männlich ist?
Der Körper, die Bewegung, die Geberden.

  Du bist so ernst, energisch, alles Das,
Was man am Manne lobt, wenn man es findet,
  Und weißt auch leicht zu überwinden, was
Ein Anderer nur mühsam überwindet.

  Und doch, und doch — — o säheft du es ein! — —
Bist du noch weit entfernt, ein Mann zu sein.

Als Mann ererbtest du die heilge Pflicht,
Zu suchen, was der erste Mann verloren,
  Das Paradies, und findest du es nicht,
So wurdest du für hier umsonst geboren.

  Denk dich als Den, der aus dem Eden ging,
Und sinne nach, so wirst du dich erinnern.
  Such nach der Heimath, die dich einst umfing;
Den Schlüssel trägst du stets in deinem Innern.

  Liebst du dein Weib, so führs dort wieder ein;
Dem wahren Manne wird es möglich sein.

Betrachte dich, und werde, was du bist!
Ein Weib bist du, und hafts doch erst zu werden.
　Weißt du vielleicht, was an dir weiblich ist?
Der Körper, die Bewegung, die Geberden,
　Du bist so fromm, versöhnlich, mild und zart;
Du liebst die Deinen, wie nur Frauen lieben.
　Du warst als Kind von guter Kinder Art
Und bist so herzig, wie du warst, geblieben.
　Und doch und doch — — o sähest du es ein! — —
Bist du noch weit entfernt, ein Weib zu sein.

Als Weib ererbtest du die heilge Pflicht,
Zu suchen, was das erste Weib verloren.
　Das Paradies, und findest du es nicht,
So bist und hast du hier umsonst geboren.
　Denk, du seist Die, die einst der Herr verstieß,
Weil sie die Himmelsliebe nicht verstanden.
　Such nach der Heimath, nach dem Paradies;
Es bleibt der Liebe ewig zugestanden.
　Den Mann, das Kind, führ sie dort mit dir ein;
Dem wahren Weibe wird es möglich sein.

Betrachtet euch, und werdet, was ihr seid!
Ja, ihr seid Mann und Weib; ich hörs euch sagen.
　Das heißt, ihr seids geworden für die Zeit,
In welcher euch die Erdenstunden schlagen.
　Und wer als Christ sich zeigen will, der spricht:
Den Bund der Herzen trennen selbst die Schauer
　Des Todes und des offnen Grabes nicht;
Er ward geweiht und ist von ewger Dauer.
　Und doch, und doch — — o sähet ihr es ein! — —
Liegts euch noch ferne, Mann und Weib zu sein.

Als Mann und Weib ererbtet ihr die Pflicht,
Zu suchen, was das erste Paar verloren,
　Das Paradies, und findet ihr es nicht,
So werden euch die Engel wohl geboren,
　Die euch mit liebewarmem Kindermund
Das selige Geheimniß offenbaren:
　„Das Eden" hieß die ganze Erdenrund,
Als noch die Menschen Gottes Kinder waren.
　Tritt diese Gotteskindschaft wieder ein,
　Dann wird das Paradies geöffnet sein.

Es ist falsch, sich den Himmel unendlich weit von uns zu denken. Zwischen ihm und der Erde liegt keine Spur von Raum. Wir wissen ja, daß für ihn weder Raum noch Zeit vorhanden ist.

Der Himmel auf Erden.

Vom Himmel geht ein Segen aus
Wie hier vom lieben Vaterhaus,
  In dem der Vater nie vergißt,
  Daß er des Hauses Säule ist.

❦

Vom Himmel geht ein Segen aus
Wie hier vom lieben Vaterhaus,
  In dem die Mutter nie vergißt,
  Daß sie des Hauses Seele ist.

❦

Vom Himmel geht ein Segen aus
Wie hier vom lieben Vaterhaus,
  In welchem nie ein Kind vergißt,
  Was es den Eltern schuldig ist.

Vom Himmel geht ein Segen aus
Wie hier vom lieben Vaterhaus,
  In welchem Keiner je vergißt,
  Daß jeder Mensch ihm Bruder ist.

So geht vom lieben Vaterhaus
Ein wahrer Himmelssegen aus,
  Und ließ die Welt ihn bei sich ein,
  Sie würde bald ein Himmel sein.

Wir lesen, daß die Engel singen, nicht aber, daß sie spielen. Der Himmel bedarf keiner Instrumente, um Gott zu preisen; er rühmt die Güte des Vaters aus seinem eigensten Wesen, aus seinem tiefsten Innern heraus.

Vorwärts!

Wer geht mit mir? Ich bleibe nicht!
Warum soll ich noch länger warten?
  Ich lege ferner kein Gewicht
Auf Dinge, die bisher mich narrten.
  Wozu in aller Welt der Streit,
Das fieberhafte Vorwärtseilen,
  Wenn man dabei doch weit und breit
Nur um sich schlägt mit Vorurtheilen!

❦

Welch eine Welt liegt rings umher:
Wohin ich schau, nur Fragezeichen!
  Ist denn die Antwort gar so schwer?
Natürlich, schwerer als das Schweigen!
  Man denkt, man fühlt, man ahnt Etwas
Doch wagt man nicht, es laut zu sagen.
  Es droht der Spott; es droht der Haß,
Und das verursacht Unbehagen.

❦

Man weiß ein wunderbares Land
Jenseits der Fragezeichen liegen,
   Doch der verständige Verstand
Versteht es nicht, sich zu besiegen.

   Es ängstigt ihn das „leere Nichts",
Das zwischen hier und dort sich breitet
   Und ihm „das ganze Reich des Lichts"
Und „seine Seligkeit" verleidet.

         ❦

   Und doch, wie ist dies Nichts belebt,
Genau, genau wie unsre Erde!
   Und wie ist dieses Nichts bestrebt,
Daß es ein Etwas für uns werde!
   Jedoch in Vorurtheilen blind,
Vermögen wir nicht, es zu sehen,
   Und bleiben wir so, wie wir sind,
Kanns durch ein Wunder nur geschehen.

         ❦

Wer geht mit mir? Ich bleibe nicht!
Ich will nun endlich vorwärtsschreiten.
   Wem es dazu an Muth gebricht,
Der bleib; er ist nicht zu beneiden.
   Des Glaubens Schuhe zieh ich an;
Die Hoffnung gürtet mir die Lenden,
   Und was nicht ich vollbringen kann,
Das wird ein Anderer vollenden!

Haſt du jemals eine Gabe geſpendet, ohne daß du dich wenigſtens in deinem Innern ihrer wohl= gefällig rühmteſt? Beobachte dein Ich, ſo wirſt du bemerken, daß es ſtets auf der Lauer liegt, dich um den Werth deſſen, was du thuſt, zu betrügen.

Die zweite Welt.

„Ich bin nicht frei. Ich werde fest gehalten.
  Ich fühls, hab oft darüber nachgedacht.
Ich will nach Gottes Willen mich gestalten,
  Und das wird mir so schwer, so schwer gemacht.
O, dürfte meine Frage aufwärts schweben,
  Wie ichs für sie ersehne, himmelan,
Empor zur Wahrheit, die mir Antwort geben,
  Die mich befrein, die mich erlösen kann!"

※

„„Komm mit! Ich trage dich auf leichten Schwingen
  Von dieser Erde fort zur zweiten Welt.
Ich kann dich nicht bis in den Himmel bringen;
  Er öffnet keinem Sterblichen sein Zelt;
Doch will ich dir eins seiner Wunder zeigen,
  Wenn du dich meiner Führung anvertraust.
Dein Staunen braucht nicht gegen mich zu schweigen.
  Du darfst mir Alles sagen, was du schaust.""

„Ich seh der Erde finstre Schatten fallen,
  Unendlich weit, auf Ewigkeiten hin,
Und hör aus ihnen grelle Stimmen schallen
  Empor zum Glanz, in dem ich mit dir bin.
Wir schweben hoch, im sanften Erdenscheine,
  So mild, wie ihn die stille Mondnacht liebt,
Und um uns klingen überirdisch reine
  Accorde, die es nicht auf Erden giebt."

***

„„Das ist nicht Erdenglanz und nicht ihr Schatten;
  Das ist der Seelen Finsterniß und Licht.
Dort fehlt das Licht, weil sie es niemals hatten,
  Doch hier wars stets, drum fehlt auch jetzt es nicht.
Wo du hier bist, das bleibe dir verschwiegen,
  Doch deiner Seele ist es wohlbekannt.
Schau hin, schau hin! Siehst du es vor dir liegen,
  Der zweiten Welt geheimnißvolles Land?""

***

„Der zweiten Welt? Ist das nicht auch die Erde?
   Gebirge, Land und Wasser, Feld und Au,
So gleich, so ähnlich, daß fast irr ich werde,
   Sogar der Dörfer und der Städte Bau!
In klarer Schönheit ragt empor das Reine,
   Als hab es sich vom Irdischen befreit;
Ein Nebelzwielicht sondert das Gemeine;
   In finstern Schluchten haust die Niedrigkeit."

✳

„„Du siehst den Trieb nach oben und nach unten,
   Die Flug= und Zugkraft dieser Wunderwelt.
Die Gegensätze scheinen zwar verbunden,
   Doch nur, bis Gott die letzte Frage stellt.
Nun schau, wie ihr auf sie euch vorbereitet,
   Indem ihr hier an eurer Antwort baut!
Das Sein, das sich vor deinem Auge breitet,
   Es spricht schon jetzt bestimmt genug und laut.""

✳

„Es leuchtet mir, den Nebeln hoch entstiegen,
  Als träumte ich, ein nie geahntes Land.
Ich seh es wie ein Eden vor mir liegen,
  Gesegnet überreich von Vaters Hand.
Doch unter jener Dämmrung gähnt der Schauer
  Erbarmungslos herauf aus Schlucht und Schlund.
Schwarz liegt dort das Verderben auf der Lauer;
  Wem wird wohl seine ganze Tiefe kund!"

❧

„„Einst wird sie kund. Und wehe, wehe Allen,
  Die dieses Abgrunds Rachen zugestrebt!
Wem muß der Mensch denn beim Gericht verfallen?
  Doch wohl nur dem, wofür er hier gelebt!
Dann wird auch kund, wie hoch die Berge steigen
  Für Jeden, der das Graun der Tiefe flieht.
Es soll sich dir die erste Stufe zeigen.
  Berichte mir, was jetzt dein Auge sieht!""

❧

„Ich sehe plötzlich sich vor mir entfalten
  Ein Leben, wie in einem Zauberreich.
Es regt sich wie von menschlichen Gestalten,
  Und doch sind sie nicht völlig menschengleich.
Es ist ein Kommen und ein wieder Gehen,
  So leicht und licht, so lieb, so wunderbar;
Ich kann es nicht begreifen, nicht verstehen,
  Und doch empfinde ich in mir es klar.“

⁂

„„Es mag dir dies Empfinden offenbaren,
  Daß deine Seele dieses Leben kennt.
Du sollst die Wahrheit über das erfahren,
  Was ihr auf Erden Seelenleben nennt.
Hier wohnt die Seele, nicht in deinem Leibe;
  Du wirst von ihr besucht — — du sagst „beseelt“.
Daß sie nicht immerwährend in dir bleibe,
  Das ists, das dort die Tiefe dir verhehlt.““

⁂

„Die Tiefe dort? Ich seh auch sie sich regen,
  So deutlich und doch ebenso versteckt,
Es ist ein unheilkündendes Bewegen,
  Das mich im Innern warnt, weil es erschreckt.
Mir scheint, ein Höllennest von Geisterspinnen
  In Menschenform sei nur darauf bedacht,
Sich immer neue Fäden auszusinnen
  Für ein mir unbekanntes Werk der Nacht."

*

„„Du kennst dies Werk. Ich hab von ihm gesprochen,
  Als über das Verhehlen ich geklagt:
Dort wird durch falsche Fäden unterbrochen,
  Was deine Seele deinem Geiste sagt.
Dann steigt der reine Lobgesang der Sphären
  Nicht zu dir nieder in das Erdenthal,
Und es vermag dich nicht mehr zu verklären
  Hier dieser Berge heilger Sonnenstrahl.""

*

„Ich danke dir! Dies Wort aus deinem Munde,
  Wie groß ist es, wie groß und schön zugleich!
Es bringt von meiner Seele mir die Kunde
  Aus einem andern, nicht des Körpers Reich.
Wie gern kann auf den Irrthum ich verzichten,
  Der sich den Leib von ihr bewohnt gedacht!
Wer will, mag sich auch ferner nach ihm richten,
Mich aber hast du von ihm frei gemacht.“

* * *

„„Nur dich allein? Auch sie ist frei geworden,
  Weil du sie dir nicht mehr im Fleische denkst.
Sie kommt zu dir nun durch die sichern Pforten,
  Zu denen du ihr die Erlaubniß schenkst.
Sie wird von keinem Netz mehr aufgehalten,
  Das ihr der Feind des lichten Himmels stellt;
Sie kann nun ihre Flügel frei entfalten,
  Um dich zu tragen nach der zweiten Welt.““

Kennst du die einsamen Berge, welche in deinem Innern ragen? Sie senden dir die Wasser des Lebens, und doch steigt dein Dank so selten hinauf. — Kennst du die hehren, stillen Wälder in dir, welche diese Quellen schützen? Du athmest viel zu wenig ihren Odem, obgleich er dir so nöthig ist. — Kennst du die geräuschvollen Städte und Ortschaften, zu denen dein Inneres den Boden liefert, ohne daß du besorgt bist, eine kluge Wahl zu treffen? Du besuchst sie, ohne daß du es weißt, wohl mehr als oft genug. — Wolltest du doch beachten, wie sehr dein inneres deinem äußern Leben gleicht!

Abwehr.

Wir glauben! Lächle nicht; es ist uns Ernst!
Du kennst den Glauben nicht, und ich kann dir nicht zeigen,
Daß wir mit ihm hinauf in alle Himmel reichen,
  Von denen du dich mehr und mehr entfernst.
Es ist so leicht, den Himmel Himmel sein zu lassen;
Es ist so schwer, vom Himmel aus die Erde zu erfassen;
  Das ist der Grund, daß du nicht glauben lernst.

Wir glauben! Wüßtest du doch, was das heißt!
Denk dir es nicht als ein persönliches Empfinden;
Denk dirs als Meer, in dem wir Nahrung finden,
  Denk aber nicht, daß du es dann schon weißt.
Der Glaube bildet eine Welt, in der wir leben,
Und dieser Welt allein ist Seligkeit gegeben;
  Er ist der Raum, in dem die Hoffnung kreist.

Wir glauben! Großes ist damit gesagt!
Das, was ihr wißt, verdankt ihr nur den äußern Sinnen,
Doch giebts nicht blos ein Außen, sondern auch ein Innen,
 Dem eine Sonne um die andre tagt.
Und öffnet dieses Innen muthig seine Augen,
So dürfen sie den Blick in Herrlichkeiten tauchen,
 An welche eure Brille nie sich wagt.

Wir glauben! Dessen schämen wir uns nicht!
Es ist der Mensch verpflichtet, diesem Erdenleben
Für sich und seine Brüder, was ihm fehlt, zu geben:
 Dem Herzen Liebe, dem Verstande Licht.
Wir fragen nicht: Wird diese Gabe angenommen?
Wir wissen nur: Es ist die Zeit dazu gekommen,
 Und darum sind wir voller Zuversicht.

19

Wir glauben! Aber wer sind diese „Wir"?
Gieb dir nicht Mühe, unsre Ziffer zu bestimmen.
Wolltst du uns sehn, so müßtest Berge du erklimmen,
   Und diese Berge stehen nicht nur hier.
Doch, wo nach Licht, nach Liebe sich ein Sehnen findet,
Da offenbart sich dir das Band, das uns verbindet;
   Wir führen „Licht und Liebe" im Panier.

          *

Wir glauben! Das ist höchste Thätigkeit!
Du meinst, der Glaube sei uns nur ein Ruhekissen,
Auf dem wir unsre Psyche wohl zu pflegen wissen;
   Ich gebe dir ganz anderen Bescheid:
Wir baun im Stillen, rastlos, uns und euch zum Glücke,
Von Tag zu Tage neue Pfeiler, eine Brücke
   Hoch übers Grab hinweg zur Ewigkeit.

          *

Wir glauben! Welche Wonne, welche Luft!
Wie freun wir uns darauf, den Vorhang zu entfernen;
Wie wirst du da des Glaubens Walten kennen lernen,
   Die Brücke sehn, von der du nichts gewußt!
Du wirst dann schaun wie wir, nimmst Theil an unsern Gaben,
Doch ohne so wie wir, vorher geglaubt zu haben,
   Für dich ein unersetzlicher Verlust!

Wir glauben! Erstes, doch nicht letztes Wort!
Dies erste Wort, ich hab es heut zu dir gesprochen,
Das zweite hat schon längst die Gräber aufgebrochen,
   Doch leider warf der Unverstand es fort.
Das letzte hat sich unser Vater vorbehalten,
Und ließest du nur ihn und seine Gnade walten,
   So hörtest du's schon hier und nicht erst dort.

Es ist keine Welt so groß, daß sie nicht in dir geistig Raum finden könnte.

Menschenliebe.

Im Tagesgrauen schlief das stille Thal,
Und seine Schönheit war mir noch verborgen;
　Dann plötzlich kam der erste Sonnenstrahl,
Und mit ihm ward es heller, goldner Morgen.
Es fluthete das Licht vom Himmel nieder,
　Als habe er sich selbst herabgesenkt,
Und laut erklangen alle Morgenlieder,
　Die er allein, allein dem Walde schenkt.

Nun ging des Tages Engel über Land,
Ging durch den Hag, ging über Feld und Auen,
　Und überall, wo er ein Blümlein fand,
Bog er sich nieder, um es anzuschauen.
Er kam auf allen Wegen hergeschritten,
　Und sah er wo ein wartend Fensterlein,
So ließ er sich nicht lange darum bitten,
　Er gab ihm Licht und gab ihm Sonnenschein.

Er stieg den Berg, den steilen Fels hinan,
Klomm auf die Firnen, in die Kletscherspalten;
   Er kletterte in alle Tiefen dann,
Kam über schroffe Hänge, todte Halden,
Und überall, am höchsten, tiefsten Orte
   Ward ihm der Mensch, das Thier, der Baum, der Stein
Zum mahnenden, zum heilgen Gottesworte:
   „Gieb Liebe hier; auch diese Welt ist mein!" —

               ❦

So liegt des Menschen Herz in dunkler Nacht,
Wenn sich die Andern ihm nicht gütig zeigen;
   Doch, wird der Strahl der Liebe ihm gebracht,
So wird das Dunkel bald dem Lichte weichen.
Dann zeigen sich in Blüthen seine Auen;
   Es sprudeln alle Quellen hell und klar,
Und du kannst Alles, Alles deutlich schauen,
   Was ohne Liebe dir verborgen war.

               ❦

Dann steig empor, steig nieder in das Land,
Das sich in reicher Schönheit vor dir breitet;
  Doch thue es mit schonendem Verstand,
Der niemals über Heiligthümer schreitet.
Und willst du weiter, immer weiter gehen,
  Bis dort, wohin vielleicht noch Niemand kam,
So wirst du bald erkennen und verstehen,
  Wer dieser Welt das Licht, die Wärme nahm.

So wird sie dir vielleicht wohl lieb und werth;
Du lernst sie besser, immer besser kennen;
  Sie bietet dir des Freundes Haus und Herd;
Du möchtest dich nicht wieder von ihr trennen.
Und wenn sie so dir eigen ist geworden,
  Ist sie, die früher fremde, gänzlich dein.
Es kann die Welt an allen, allen Orten,
  Wenn du die Menschen liebst, die Deine sein.

Wollten die Menschen doch endlich einsehen, welch ein Unterschied ist zwischen „dem" Glauben und „einem" Glauben! Zähle die, welche „den" und die welche „einen" Glauben haben, und wundere dich dann noch darüber, daß es uns unmöglich ist, mit „unserm" Glauben Berge zu versetzen!

Der Völkerfriede.

Trag nicht empor ins Himmelreich,
Was auf der Erde hat zu bleiben!
  Du bist noch lange Gott nicht gleich
Und willst dich ihm doch einverleiben.
Du wirfst ihm alle irdschen Fragen
  Zur pflichtgemachten Lösung hin;
Die Allmacht soll sich für dich plagen;
  Das ist des Glaubens Zweck und Sinn.

＊

Erscheint dir eine Last zu schwer,
Will Etwas dir nicht gleich gelingen,
  So sorgt dich das nicht allzusehr,
Du kannst es ja dem Vater bringen.
Du bist von ihm einst ausgegangen
  Und kehrest einst zu ihm zurück;
Du brauchst von ihm nur zu verlangen,
  Dein Heil ist ja sein eignes Glück.

＊

So soll Gott Alles für dich thun;
Er soll sogar auch für dich lieben.
    Auf seiner Güte auszuruhn,
Ist dir verbrieft, ist dir verschrieben.
Du brauchst nichts weiter, als zu glauben,
    Daß er die Welt zum Besten lenkt,
Und eifrig gegen den zu schnauben,
    Der Gottes Reich sich anders denkt.

Und gläubig schnaubend, lächelst du,
Erfüllt von heilgem Himmelsfeuer,
    Dem Nächsten Gottes Liebe zu — —
Die deinige ist dir zu theuer.
Die göttliche reicht für die Schaaren
    Der Ungezählten ewig aus;
Die menschliche hat man zu sparen;
    Sie geht nicht übers Ich hinaus.

Und dieſer Glaube will der Welt
Durch dieſe Liebe Frieden bringen
   Und läßt als Herrſcher und als Held
Sein „Et in terra pax" erklingen!
Und dieſer Glaube, viel zerriſſen,
   Stets mit ſich ſelbſt in Zank und Streit,
Er will allein zu finden wiſſen
   Das, was ihm fehlt, die Einigkeit!

O, glaub an dieſen Glauben nicht!
Glaub nur allein an Gottes Liebe.
   Was er der Menſchheit auch verſpricht,
Nichts iſt, was er nicht ſchuldig bliebe.
Es kann nur einen Glauben geben,
   Wie es nur eine Liebe giebt,
Und beide ſind vereint im Leben
   Dann, wenn der Menſch den Menſchen liebt.

Nun steig empor ins Himmelreich,
Und bring herab den Völkerfrieden!
Er ist dem Dort und Hier zugleich,
Der Erde nicht allein, beschieden.
Hol uns den e i n e n Glauben wieder,
Der auch nur e i n e Liebe kennt,
Dann schwebt mit ihm der Engel nieder,
Den man den Völkerfrieden nennt.

Kennſt du die rollenden Spiralen der Chiesa
Santa Maria della Salute in Venedig? Sie ſtreben,
Propheten tragend, nach allen Richtungen hinaus
in die Weite, doch feſt verbunden mit der Kuppel
bleibend. Der Körper laſtet; der Geiſt allein iſt
es, welcher wirkt. Das iſt ein monumentaler, aber
leider bisher unverſtandener Ruf zur ächten chriſt=
lichen Miſſion: „Gehet mit eurer Kraft hinaus in
alle Welt, doch Alles, was da laſtet, bleibe daheim!“

In Ewigkeit.

Laß uns hinauf zu jenen Bergen steigen,
　Auf denen einst die Macht der Welt gestanden!
Du sollst mir ihre starken Burgen zeigen
　Und was von ihnen heut noch ist vorhanden.
Sie legte ihre Faust in jede Wage,
　Und was sie that, das machte sie zum Recht.
So wurde sie, die Welt, der Welt zur Plage;
　Der Mensch war nur ihr Sklave, nur ihr — — Knecht.

Doch heut? Verschwunden sind die stolzen Vesten;
　Nur Trümmer mahnen an vergangne Zeiten.
Bisweilen stöbert unter diesen Resten
　Die Gegenwart nach Sehenswürdigkeiten.
Und was sie findet, immer ists das Eine,
　Wovon der Himmel täglich zu uns spricht.
Hier sagt ers in der Sprache dieser Steine:
　„Die Welt vergeht; sie kennt die Liebe nicht!"

Laß uns hinauf zu jenen Bergen steigen,
  Auf denen einst die Macht des Herrn gestanden!
Du sollst mir seiner Liebe Wunder zeigen
  Und was von ihnen heut noch ist vorhanden.
Sie legte ihre Hand auf jedes Leben,
  Um es zu segnen, gnadenreich und lind,
Und wer sich ihr zu Eigen wollte geben,
  Den nahm sie freudig auf, der wahr ihr — — Kind.

Und heut? Noch rühmen ihn der Himmel Heere;
  Noch wird auf jedem Stern sein Lob gesungen;
Noch preisen ihn die Berge und die Meere;
  Noch ist der Dank für ihn nicht ausgeklungen.
Noch stehen seiner Kinder selge Schaaren
  Vor seinem Angesichte, dankbereit
Und hören nimmer auf, zu offenbaren:
  „Die Liebe Gottes bleibt in Ewigkeit!“

Das Geld soll der Wertmesser für unsere Lei=
stungen sein. Wer es aber verschwendet, der belohnt
das Unverdienst, honoriert das Laster und macht
sich zum Beschützer unlauterer Denk= und Handlungs=
weise.

Nachsicht.

Denk oft zurück ins eigne Leben;
　Verlang von Andern nicht zu viel!
Du weißt, es führte dich dein Streben
　Auch nur so nach und nach ans Ziel.

＊

Du hast den Schwachen gern zu schonen;
　Du wurdest doch wohl auch geschont.
Die Liebe wird bei ihm sich lohnen,
　Wie sie sich einst bei dir gelohnt.

＊

Und bist du auch nicht ganz zufrieden
　Mit dem, was er für dich gemacht,
Wir Menschen sind ja so verschieden:
　Er hat es anders sich gedacht.

＊

20

Du solltest dich darüber freuen,
 Daß er dir guten Willen zeigt.
Auch du hast Manches zu bereuen,
 Auch dir fiel wohl nicht Alles leicht.

Drum laß den Zorn nicht überfließen;
 Ueb immer Nachsicht, hab Geduld;
Denn, wenn dich Etwas will verdrießen,
 Bist du vielleicht auch selbst mit schuld.

Die Weltgeschichte ist zu neun Zehnteilen Kriegs=
und Eroberungsgeschichte. Wenn sie einst in dem=
selben Maße Geschichte einer friedlichen Entwickelung
geworden ist, dann mag der Mensch beginnen, von
Nächstenliebe zu sprechen, eher aber nicht!

Leitung.

Es wird ein Engel dir gesandt,
  Um dich durchs Leben zu begleiten.
Er nimmt dich liebend an der Hand
  Und bleibt bei dir zu allen Zeiten.
Er kennt den Weg, den du zu gehen hast,
Und trägt mit dir der Erde Leid und Last.

Es wird ein Engel dir gesandt,
  Dem sollst du dich gern anvertrauen.
Auf ihn soll stets und unverwandt
  Das Auge deiner Seele schauen.
Er trägt zu deinem Schutz das Schwert des Herrn
Und ist dir nie mit seiner Hülfe fern.

Es wird ein Engel dir gesandt,
  Dem sollst du niemals widerstreben,
Und hast du ihn vielleicht verkannt,
  So zwing ihn nicht, dich aufzugeben,
Denn bautest du auf deine Kraft allein,
Es würde nur zu deinem Unglück sein.

Das Verhältnis zwischen Eltern und Kindern ist ein so natürliches, daß es keiner Erklärung bedarf. Wer das Verhältnis zwischen Gott und Mensch mit Hülfe des Verstandes erklären will, der entweiht die heilige Natürlichkeit desselben und wird, weil er es nicht zu durchschauen vermag, Satzungen aufstellen, welche unmöglich die Wahrheit enthalten können.

Sei weise!

Geh nicht zu Denen, welche von sich reden;
   Sie kennen nur das eigne, liebe Ich.
Ein feines Ohr vermeidet die Trompeten;
   Der Weise hält am liebsten sich für sich.

Geh nicht zu Denen, welche von sich schweigen;
   Auch sie verehren nur ihr liebes Ich.
Sie wollen sich als große Schweiger zeigen;
   Der Weise hält am liebsten sich für sich.

Und mußt du doch als Mensch zu Menschen gehen,
   So sprich und schweig, doch Beides nicht für dich.
Das Sprechen sei für die, die dich verstehen,
   Das Schweigen für der Andern liebes Ich.

Während nie zwei Perfonen, und wenn fie noch fo eng neben einander ftänden, denfelben Zenith haben können, fo werden grad im Gegenteile alle gläubigen Menfchen, felbft wenn fie körperlich und geiftig noch fo entfernt von einander wären, von der Kraft ihres Glaubens nach einem und demfelben Himmelspunkte getragen — — zu Gott.

Wie das Meer.

Sei still in Gott, still wie das Meer!
　Nur seine Fläche streift der Wind,
Und tobt als Sturm er noch so sehr,
　Wiß, daß die Tiefen ruhig sind.

Sei weit in Gott, weit wie das Meer!
　Es wogt nicht blos am heim'schen Strand.
Und wird dirs auch zu glauben schwer,
　Wiß, drüben giebts doch wieder Land.

Sei tief in Gott, tief wie das Meer!
　Nach dort, wo dich die Welt vergißt,
Sei dein Verlangen, dein Begehr.
　Wiß, daß die Tiefe Höhe ist.

Ja, sei, mein Herz, stets wie das Meer
　In Gott so still, so tief, so weit!
Dann landest du nicht hoffnungsleer
　Am Küstensaum der Ewigkeit.

Haſt du ſchon bemerkt, daß die Hoffnung auf die Ewigkeit ſich nach zwei Richtungen bewegt? Je höher ſie ſteigt, um ſo tiefer ſenkt ſie ſich auch in dich hinein.

Dank.

Es fiel ein Thau wohl über Nacht
Rings auf die durstig matten Auen,
　Und früh war in der Sonne Pracht
Des Schöpfers Lob und Preis zu schauen.
Ein diamantnes Leuchten sprühte
　Von Strauch zu Strauch, von Halm zu Halm,
Und von Milliarden Perlen glühte
　Zu ihm empor ein Dankespsalm.

⁎

　Nun aber sendet Tag und Nacht
Der Vater seinen Segen nieder,
　Und hat der Segen Glück gebracht,
Wo bleiben dann die Dankeslieder?
Es hat der Mensch so viel zu sagen,
　Doch Dank an Gott, den sagt er nicht.
O, möchte er den Thau doch fragen,
　Der lehrte ihm die Dankespflicht!

Die Seele des Menschen ist nach ihrem Wesen nichts als Gottesliebe. Beginnt der Geist des Menschen, diese Liebe zu empfinden, so sagt er, weil er sie nicht begreift: „Ich glaube," anstatt: „Ich liebe!"

Menschenunmöglichkeit.

Komm mit, komm mit, und folge mir;
　Ich führe dich so gern, so gern.
Ich zeige und erkläre dir
　Die ganze Welt von Stern zu Stern.

Wir fangen an beim Anbeginn
　Und hören auf beim Ende dort;
Wir gehen gleich zu Beiden hin,
　Denn Beide sind derselbe Ort.

Und da wir bei dem Anfang schon
　Am Ende angekommen sind,
So ist die Ewigkeit entflohn
　Wie so geschwind, wie so geschwind.

Und während dieser Ewigkeit
　Hab ich erklärt wieviel, wieviel?
Und ihr in eurer Spanne Zeit
　Treibt ganz genau dasselbe Spiel!

Die Welt nimmt immer die Miene und das Gebahren dessen an, den sie umgarnen und bethören will. Sie spielt mit dem Spieler, trinkt mit dem Trinker, studiert mit dem Forscher und — — beugt die Kniee mit dem Beter.

Quitt.

O, lacht doch nicht! Treibt ja nicht euern Spott
Mit unserm Glauben, denn ihr lästert Gott.
   Nicht diesem Glauben, Gott gilt euer Lachen;
   Ich sage euch: Ihr habt es quitt zu machen!

O, lacht doch nicht! Treibt ja nicht euern Spott
Mit unsrer Liebe, denn ihr lästert Gott.
   Ein solches Lachen kann nur Schmerz bereiten;
   Ich sage euch: Ihr habt es quitt zu leiden!

O, lacht doch nicht! Treibt ja nicht euern Spott
Mit unsrer Hoffnung, denn ihr lästert Gott.
   Dies Lachen wird einst theuer euch erscheinen;
   Ich sage euch: Ihr habt es quitt zu weinen!

Die Völker stehen in Wechselbeziehungen zu ein=
ander, von denen jeder Einzelne mehr oder weniger
berührt wird. Glaubt er, diese Berührung nur zu
seinem Nutzen ausbeuten zu müssen, so entzieht er
Denen, die er auszubeuten trachtet, sowohl die
Möglichkeit als auch den guten Willen, ihm auch
fernerhin zur Bereicherung zu dienen.

Bedachtsamkeit.

Sei ruhig; stürme, stürme nicht!
Warum sollst du dich überstürzen?
Thu recht und billig deine Pflicht;
Du kannst die Zeit doch nicht verkürzen.

※

Sei ruhig; dräng dich nicht voran!
Es gilt, die edle Kraft zu sparen.
Wer diese Kraft nicht zügeln kann,
Der wird mit ihr nicht glücklich fahren.

※

Sei ruhig, doch versäume nichts!
Es darf sich keine Lücke zeigen.
Willst du empor zum Quell des Lichts,
Hast du behutsam aufzusteigen.

※

21

Sei ruhig, immer unbeirrt!
Laß dich von Andern nicht bethören;
  Denn wer sich selber untreu wird,
Der ist von ihnen leicht zu stören.

Sei ruhig, wenn das Ende naht!
Bist du nicht zaghaft wie so Viele,
  So bringt die letzte, schwerste That
Auf Engelsschwingen dich zum Ziele.

Der Verbrecher ist nicht als Abschaum der Menschheit zu behandeln, sondern als das öffentlich hervorgetretene Symptom einer Krankheit, an welcher der ganze Organismus leidet. Zu diesem Organismus gehörst auch du. Nach vollbrachter Buße ist der Sünder wenigstens ebenso rein, wie Derjenige, dessen Fehler nicht gerichtet worden sind.

Selbstbetrug.

Wo gehst du hin! Du bist auf falschen Pfaden
Und lässest dich von einem Mund berathen,
    Der auf die Frage nach der Wahrheit schweigt.
Du hast weit mehr als nur dein eignes Leben
Vertrauensvoll in eine Hand gegeben,
    Die dir das Ziel in falscher Richtung zeigt.
Du merkst es nicht, daß dich der Irrthum leitet
Und mit dir nach verborgnen Tiefen schreitet.

Hast du nicht auch nach Pylos zu gelangen,
Um Kunde dort vom Vater zu empfangen,
    Wie einstens Telemach von Ithaka?
Weißt du nicht mehr, daß ihn die Weisheit führte
Und daß er ihre Hand gehorsam spürte,
    Obgleich er nicht als Himmlische sie sah?
Dort mußte sie sich äußerlich gestalten;
Für dich darf sie sich in dir selbst entfalten.

Drum traue nicht dem Außen, nicht den Sinnen;
Nicht alle Sorgen um dein Heil nach innen,

    Denn nur das Herz hört, was der Vater spricht.
Und will ein fremder Ton dies schmeichelnd rügen,
So trachtet dich ein Gleißner zu betrügen;

    Sei klug, und folge dieser Stimme nicht!
Nur die Verführung kann das Kinn dir streicheln;
Die Wahrheit aber wird dir niemals schmeicheln.

Wenn du nicht an ein Leben nach dem Tode
glaubst, so kann man dir in gewisser Beziehung
nicht ganz unrecht geben, denn es wird leider für
Viele, sogar für sehr Viele nichts weniger als ein
Leben sein.

Von Kampf zu Kampf.

Geh nicht, geh nicht zurück zur Welt,
Nachdem du glücklich ihr entstiegen!
　Du bist als Mensch nicht immer Held
Und könntest ihr noch unterliegen.
　Sie ruft, sie lockt, sie winkt dir zwar
So liebevoll, zurückzukehren,
　Doch diese Freundschaft ist nicht wahr;
Sie will dir nur den Sieg erschweren.

Geh nicht zurück! Sie bietet dir
Zunächst nichts gegen dein Gewissen,
　Dann aber, dann verfällst du ihr
Mit Allem, was du ihr entrissen.
　Gelingt es ihr zum zweiten Mal,
Dich bis zur Ohnmacht zu umspinnen,
　So bleibt dir wohl kein Hoffnungsstrahl,
Ihr jemals wieder zu entrinnen.

Geh nicht, geh nicht zurück zur Welt,
Nachdem du glücklich ihr entstiegen!
Auch noch auf einem andern Feld
Hast du zu kämpfen und zu siegen.
Steig nun auch in dich selbst hinein,
Wo deine stärksten Gegner wohnen.
Willst du befreit von ihnen sein,
So darfst du sie und — — dich nicht schonen!

Wenn du offenen Auges in das Leben schaust,
so wirst du bald erkennen, wer unter allen Feinden
des Menschen sein größter ist — — der Trotz.

Zeit.

Es klingt ein Ruf aus alter, alter Zeit
An unser Ohr wie aus Prophetenmund:
   Ist dir verborgen die Vergangenheit,
So thut sich dir das Werdende nicht kund.

   Du willst so gern in deine Zukunft schaun;
Da mußt du erst die Gegenwart begreifen,
   Und diese hat sich stetig neu zu baun
Nach Normen, die aus dem Vergangnen reifen.

   Sind diese Normen dir vielleicht bekannt?
Ward eine dir von ihnen offenbar?
   Du kennst ja nicht das ferne, ferne Land,
In dem die Gegenwart einst Zukunft war.

   Was kümmert dich das, was verschwunden ist!
Soll sich die Nachwelt nicht um uns bekümmern?
   Es hat die Menschheit das, was sie vergißt,
Zur Sühne auszugraben unter Trümmern.

Und solche Sühne ist auch unsre Pflicht,
Die wir vergaßen, was die Vorwelt gab.
   Erkennen wir der Menschheit Seele nicht,
So sind wir nichts, als dieser Seele Grab.
   Drum wünschest du nach dieser, deiner Zeit
Den Kommenden als lebend dich zu zeigen,
   So geh zum Ursprung, zur Vergangenheit,
Um dann belehrt aus ihr emporzusteigen.

❧

   Dort liegt der Quell, der unaufhaltsam fließt,
Weil jede, jede Stunde vorwärts geht,
   Und sich als Tugend über den ergießt,
Der dieser Stunden ernsten Wink versteht.
   Von dort erklang zuerst das große Wort
Vom Leben, von gesprengten Todesbanden;
   Von dort erklingt es heut noch fort und fort,
Und wer es achtet, der ist auferstanden.

❧

Dort liegt vergraben, was der Tag einst sagt,
Der uns das Leben aus dem Leben giebt;
    Dort liegt vergraben, was dies Leben fragt,
Wenn man nichts als nur dieses Leben liebt.
    So gehe hin, und forsche, forsche gern;
Such nicht das Wort; such den, der es gesprochen;
    Dann leuchtet dir die Herrlichkeit des Herrn,
Und alle Erdenketten sind zerbrochen.

Es wird für dich dann diese Spanne Zeit,
Die du so fälschlich in Minuten trennst,
    Zum untrennbaren Theil der Ewigkeit,
Die du als dir gehörig kennen lernst.
    Du steigst empor, nicht wie man Stufen steigt;
Es giebt für dich nicht Jahre und nicht Stunden,
    Und wenn sich dann dir keine Zeit mehr zeigt,
So bist du Sieger und hast überwunden.

Hinter jeder Tugend lauert ihre sündhafte
Schwester, welche nichts als ihre Uebertreibung ist.

Das Wort.

Sprich nie ein liebeloses Wort,
  Denn es ist nicht ein leerer Schall.
Du sendest es zwar von dir fort,
  Doch bleibt es bei dir überall.

Es geht mit dir, wohin du gehst,
  Begleitet dich auf Schritt und Tritt,
Und ob du es auch nicht verstehst,
  Es nimmt sogar noch andre mit.

Und was zuerst ein Wort nur war,

So wächst die liebelose Schaar,
  Die nichts als Böses von dir spricht,
Und was zuerst ein Wort nur war,
  Das wird zum Spruch einst im Gericht.

Bitte, drehe das Rohr um, wenn Du nach einem Mitmenschen schaust! Du hast es fast immer verkehrt in der Hand.

Dein eigener Richterspruch.

Haft du geliebt? Weißt du wohl, was das heißt?
Denk nach, denk nach, wenn du es noch nicht weißt.
  Die Frage wird dir jeden Tag gegeben;
  Die Antwort haft du jeden Tag zu leben.

Haft du geliebt? Es wird ein Ja verlangt,
Weil Jeder so wie du nach Liebe bangt.
  Was du ihm giebst, sein Engel trägts nach oben,
  Und dort, dort wird es für dich aufgehoben.

Haft du geliebt? So wirst du einft gefragt,
Wenn das Gericht des Allerforschers tagt.
  Das Urtheil haft du dir dann selbft zu geben;
  Es liegt schon da: Es ift dein Erdenleben!

Der Mann, welcher sich bei Allem auf Gottes Hülfe verläßt, ist keineswegs ein frommer Mensch. Thatkraft in Beziehung auf irdische Angelegenheiten ist auch dem wahrhaft Frommen nöthig.

Ein inneres Land.

Schau dir die Menschen geistig an;
　Dein leiblich Aug sieht weiter nichts,
Als was es eben sehen kann
　Im Schein des äußerlichen Lichts.
Es wohnt in einem andern Lichte
　In ihm ein andres, zweites Sein,
Und dieses zu erkennen, richte
　Den andern Blick in ihn hinein.

❦

Es dehnt sich da ein weites Land
　Oft abgrundstief, oft steil empor.
Es dürstet da der Wüste Sand,
　Es spritzt der Sumpf, es weint das Moor.
Es rauscht der Wald; es stehn zur Ernte
　Der Garten und das Feld bereit,
Und sonnig hell steigt das entfernte
　Gebirge auf zur Ewigkeit.

❦

Und dieses Land ist reich belebt
   Von flüchtgen Wesen ohne Zahl.
Das lacht und weint, das sorgt und strebt,
   Bald hoch empor, bald tief zu Thal.
Es sind die rührigen Gedanken,
   Die niemals schweigen, nimmer ruhn,
Heut aufrecht gehn und morgen schwanken,
   Hier Gutes und dort Böses thun.

Schau dir die Menschen geistig an,
   Dann siehst du diese andre Welt,
Die ihr Gebiet nicht Jedermann
   Bequemlich vor die Augen stellt.
Dann tagt wohl auch in deinem Innern
   Die Welt, die dort vorhanden ist,
Um dich zu mahnen, zu erinnern,
   Wie viel du ihr noch schuldig bist.

Bist du Dichter, so beobachte dich einmal recht
aufmerksam während der Arbeit. Du wirst gewiß
bemerken, daß Gedanken und Reime aus ganz ver=
schiedenen Richtungen kommen.

Ueberflüssig.

Nehmt mir den Stein von meinem Grabe;
　Für mich giebts keinen Leichenstein!
Ich, der ich nun verklärt mich habe,
　Will doch für euch kein Todter sein!

*

Warum das Weinen und das Klagen,
　Wozu der Gram, das Herzeleid?
Was ihr von mir hinausgetragen,
　War nur das abgelegte Kleid.

*

Ich bin im Geist bei euch geblieben,
　Für den es keine Trennung giebt,
Und werde euch auch ferner lieben,
　So, wie ich euch bisher geliebt.

*

Zwar könnt ihr mich jetzt nicht mehr sehen,
  Obgleich ihr mir noch sichtbar seid,
Doch ist ja weiter nichts geschehen,
  Als: ich bekam ein andres Kleid.

Und dieses Kleid, ich soll es tragen
  Zu meinem Heil, zu meinem Glück.
Das alte — tröstend will ichs sagen —
  Ich wünsche es mir nicht zurück.

Doch, wenn ihr weint, dürft ihr nicht wähnen,
  Ich könne mich euch selig nahn;
Es thut mir jede eurer Thränen
  Noch weher, als sie euch gethan.

Laßt sie fortan nicht weiter fließen,
  So lieb ihr es auch mit mir meint;
Sie auf den Hügel auszugießen,
  Dazu sind sie doch nicht geweint.

Drum, nehmt den Stein von meinem Grabe,
  Da ihr nun wißt, ich lebe noch!
Wenn ich euch auch verlassen habe,
  So bleibt euch meine Seele doch.

Sei so gut, und sage mir einmal, was du in deinem Leben gethan hast, ohne irgend einen andern Menschen dazu gebraucht zu haben!

Troſt.

Siehſt du ein Menſchenkind in Thränen,
　Verhaltnes Schluchzen in der Bruſt,
So wolle ja nicht, ja nicht wähnen,
　Daß du mit Worten tröſten mußt.

❊

Vermeide es, ihn zu berathen;
　Geh weiter, aber ſende dann
Die Liebe, die in ſtillen Thaten
　Ihm heimlich, heimlich helfen kann.

❊

Berührt ein kalter Schall die Wunde,
　So ſchmerzt er nur und heilt ſie nicht;
Der Troſt wohnt nicht im leeren Munde,
　Er iſt des Herzens tiefſte Pflicht.

❊

Vor einem Wort am rechten Orte
　Kehrt wohl der Harm beruhigt um,
Doch wahrer Schmerz hat keine Worte,
　Und auch der wahre Troſt iſt ſtumm.

Der Tod ist der Sünde Sold, doch die Sünde kann, soll und muß gesühnt werden. Gäbe es einen Menschen, dem es gelänge, schon auf Erden gut zu machen, was er hier Uebles that, so würde er, ohne zu sterben, direct aufsteigen, wie einst Elias aufgestiegen ist.

Weltweisheit.

Es klingt ein Lied vom Himmel nieder
So wunderlieb, so klar, so rein,
 Und deine Seele singts ihm wieder;
Sie will dem Himmel dankbar sein.
 Die Andern lauschen rings im Kreise;
Dann siehst du, daß sie lächelnd weitergehn.
 Sie sind zu klug, sie sind zu weise,
Um das, was dich beseligt, zu verstehn.

Es kommt ein Strahl vom Himmel nieder;
Er leuchtet in dein Herz hinein,
 Und dieses strahlt ihn Andern wieder;
Es will dem Himmel dankbar sein.
 Doch diese Andern stehn im Kreise
Und lächeln über dich, das große Kind.
 Sie sind zu klug, sie sind zu weise
Und drum für das, was dich beseligt, blind.

Und käm der Himmel selbst hernieder,
Um dankbar dann auch dir zu sein,
　　Und füllte alle deine Lieder
Mit seinem ganzen Sonnenschein,
　　Die Andern ständen rings im Kreise
Und fiel das Lächeln ihnen wohl nun schwer,
　　Sie blieben doch so klug, so weise
Für das, was dich beseligt, wie vorher.

Die Macht des Geldes wirkt auf den Menschen
genau wie jede andere irdische Macht: wohlthätig,
so lange er sie beherrscht, verderblich aber, sobald
er ihr zu gehorchen beginnt.

Die Menschheitsseele.

Ich war bei dir, in einem andern Leben,
  Und doch, ein andres Leben war es nicht.
Ich sah dich wie in Lichtes Fluthen schweben,
  Und doch und doch gebrach es mir an Licht.
Ich war bei dir, ich weiß nicht, ob am Tage,
  Ob auch vielleicht in sternenarmer Nacht,
Und finde keine Antwort auf die Frage,
  Welch Intervall mich dir emporgebracht.

*

Es schien mir wie in unbekannter Ferne,
  Und doch war diese Ferne mir bekannt;
Du strahltest wie auf einem andern Sterne,
  Und doch war dieser Stern mein Vaterland.
Wir trafen uns so weltenabgelegen,
  Ich weiß es nicht, in welchem Geisterreich;
Du kamst wie eine Fremde mir entgegen,
  Und doch und doch erkannte ich dich gleich.

*

Ich hatte dich so oft, so gern gesehen,
  Als pilgernd ich zum Morgenlande kam;
Ich sah dich leiden, und so ists geschehen,
  Daß ich dein Bild im Herzen mit mir nahm.
Du gingst von dort nach allen, allen Landen,
  Doch, wo du grüßtest, dankte man dir kaum.
So bliebst du unbeachtet, unverstanden,
  Ein armes Weib der Menschheit Jugendtraum.

※

Nun war ich bei dir, jetzt, emporgetragen
  Von meiner Liebe, die dir treu verblieb,
Denn wie sie dich geliebt in jenen Tagen,
  So hat dich meine Seele jetzt noch lieb.
Und wie mein Herz dein Weh mit dir gelitten,
  Der Menschheit großes, selbstverschuldet Leid,
So hab ich muthig stets für dich gestritten
  Und bin für dich auch ferner kampfbereit.

※

Mir ist ja die Erkenntniß aufgegangen,
  Die leider nicht ein Jeder in sich trägt,
Daß der Verwandtschaft Bande uns umfangen
  Und daß mein Puls grad wie der deine schlägt.
Ich weiß es, daß ich mit dir steh und falle,
  Daß deine Zukunft auch die meine ist
Und daß als leiser Ton ich mit erschalle
  In dem Accorde, dessen Klang du bist.

Als dieser Ton bin ich emporgeklungen
  Auch heut zu dir und klinge fort und fort;
Als dieser Ton hab ich auch mitgesungen
  Dein Klagelied, dein holdes Friedenswort.
Ich weiß es wohl, es wird umsonst erklingen,
  So viel der Mensch vom Völkerfrieden spricht;
Ihn kann ja nur die wahre Liebe bringen,
  Und diese, diese kennt der Mensch noch nicht.

Ich dachte dein und durfte zu dir steigen;
  Es war so licht, so hell, so klar bei dir,
Und dennoch konntest du dich mir nicht zeigen,
  Denn dunkel, menschendunkel wars bei mir.
Du gingst vorüber, und in frommer Feier
  Verklang in mir der Wehmuth heilger Ton;
Es legte sich um mich der Hoffnung Schleier — —
  Du warst verschwunden, warst der Welt entflohn.

Die Grenze zwischen Land und Waſſer verläuft meiſt nicht in gerader Linie. So hat auch im Menſchen die Scheidelinie zwischen dem Guten und dem Böſen ihre Buchten und Winkel, welche der Bildung von Sümpfen Vorschub leisten.

Oberflächlichkeit.

Denk nicht, das Leben sei ein Spiel!
  Es meints gar ernst, ja, mehr als ernst.
Erforsche seinen Zweck, sein Ziel,
  Damit du es begreifen lernst!
Du gehst behaglich hier spazieren,
  Machst dirs so viel wie möglich leicht
Und glaubst was wunder zu verlieren,
  Wenn sich ein Tag nicht folgsam zeigt.
Und brauchst du irgend welche Sorgen,
  So muß die Erde sie dir borgen.

Du gehst auf einem weiten Moor,
  Das du wohl fest und sicher nennst,
Nur weil du seinen Blumenflor
  Nicht als zum Sumpf gehörig kennst.
Du sollst hinüber, sollst dich retten
  Und bist verloren, bleibst du stehn;
Wirst du gehalten von den Kletten,
  So sinkst du ein, mußt untergehn.
Und zieht dich das Verderben nieder,
  So giebt es dich dann niemals wieder.

Denk nicht, das Leben sei ein Spiel;
   Es ist die Rettung vor dem Tod,
Der Schritt um Schritt, bis an das Ziel
   Stets unter deinen Füßen droht.
Du gehst darüber, täglich, stündlich
   Und siehst es nicht, wie tief es ist;
Es ist ja grad so unergründlich,
   Weil du so oberflächlich bist.
O, denke tiefer dich ins Leben,
   Dann kanns für dich noch Rettung geben!

Wenn mancher Mensch wüßte, nicht was, sondern wer sein Gewissen eigentlich ist, er würde sich noch viel mehr vor ihm fürchten, als er es vielleicht so schon thut.

1901.

Schließ auf das Thor; laß seine Flügel springen;
  Zünd deine Leuchte an in allen Landen!
Mir ist, als hörte ich den Ruf erklingen,
  Es sei der Tod zum Leben auferstanden.
Breit deine Fluren aus und deine Pfade;
  Laß deine Wasser klar und freundlich fließen,
Und von dem Himmel möge sich die Gnade
  Auf Alles, was die Erde trägt, ergießen.
Schließ auf das Thor; es tritt die Menschheit ein;
O, laß ihr diesen Schritt gesegnet sein!

Schließ auf den Schrein, vor dem wir betend knieen,
  Dem wir die Liebe, die Verehrung zollen,
Die wir auf seinen Inhalt doch beziehen
  Und nicht dem Menschenwerke widmen sollen!
Laß uns erkennen, was wir nicht erkannten,
  Weil uns der Geist die Seele stets verhehlte;
Laß uns verstehen, was wir nicht verstanden,
  Weil uns die wahre Liebe nicht beseelte.
Schließ auf den Schrein, und zeig, was er enthält,
Daß mit dem Schleier auch der Irrthum fällt!

Schließ auf die Herzen; nirgends stehn sie offen,
　　Denn jedes will nur für sich selbst empfinden,
Und doch ist es ihr eignes, schönstes Hoffen,
　　Daß sie in Liebe sich zusammenfinden!
Laß diese Liebe endlich doch erwachen
　　Und aus dem Ich heraus ins Leben steigen,
Die Menschen zur gesammten Menschheit machen
　　Und sich als Seele dieses Leibes zeigen.
Schließ auf die Herzen; lehre sie verstehn,
Daß alle Pulse nur als einer gehn!

Schließ auf das Paradies; gieb es uns wieder!
　　Wir wollen heim; wir wollen Frieden halten.
Der Vater ist das Haupt; wir sind die Glieder;
　　Nur seine Güte soll im Hause walten.
Sei du die Zeit, die uns um ihn versammelt,
　　Zeig uns der Worte köstlichstes auf Erden,
Das unsre Bitte um Versöhnung stammelt,
　　Dann wirst du eine Zeit des Edens werden.
Schließ auf das Paradies, das Gottesland,
Und sei uns zur Erleuchtung zugesandt!

Wenn der Mensch sich gewöhnen wollte, Alles von dem ihm möglich höchsten Gesichtspunkte aus zu betrachten, so würde das Leben ihm ganz anders erscheinen und seine Welt eine viel reinere und glücklichere werden.

Zum Schluss.

Ade, ade, ihr wohlgemeinten Worte,
  Gesprochen für der Menschheit Heil und Glück.
Es bleibt euch offen die vertraute Pforte,
  O kehret gern, kehrt als Gebet zurück!
Ihr tönet nicht von unbekanntem Orte;
  Ihr seid nicht leerer, wesenloser Schall.
Im großen, frommverstandnen Weltaccorde
  Ist heilges Leben jedes Intervall.

꽃

Geht hin, geht hin! Es wird euch stets begleiten
  Der Glaubensmuth, der laut zu sprechen wagt,
Um Liebe, nichts als Liebe zu verbreiten,
  Wo man euch freundlich ein Willkommen sagt.
Es wechseln in der Sterblichkeit die Zeiten,
  Der Glaube aber bleibt unwandelbar
Und wird einst siegreich über Alles schreiten,
  Was ihn verhöhnte, weil es sterblich war.

꽃

Doch sollt ihr nicht das **Schwert** des Glaubens
schwingen,
   Nein, nur des Glaubens **Schild** ist euch erlaubt.
Ihr habt als **Friedensworte** zu erklingen,
   Weil nur der Friede an den Frieden glaubt.
Es hat der Mensch **sich selbst erst** zu bezwingen
   Und darum immer kampfbereit zu sein,
Doch will er dann **die Feinde** niederringen,
   So kann er das **durch Liebe** nur allein!

Nachbemerkung

„Mein Frühling ging zur Rüste,
Ich weiß gar wohl warum:
Die Lippe, die mich küßte,
ist worden kühl und stumm. "[1]

Mit diesem Zitat beginnt Karl May seine erste größere Wildwest-Erzählung *„Old Firehand"* im Jahre 1875: Lieder und Gedichte spielen im Werk Mays von Beginn an eine Rolle. Dabei zitiert er nicht nur damals bekannte Autoren[2], sondern lässt auch eigene Dichtungen einfließen. Überhaupt handelt es sich bei einigen der frühesten Veröffentlichungen Karl Mays um Gedichte.[3]

---

[1] Karl May: *Aus der Mappe eines Vielgereisten. Nr. 2. Old Firehand.* In: Deutsches Familienblatt. 1. Jg. 1875/76, S. 107. Reprint in: *Karl May: Old Firehand. Seltene Originaltexte. Band 3.* Hrsg. von Ruprecht Gammler in Zusammenarbeit mit Werner Kittstein. Karl-May-Gesellschaft, Hamburg 2003, S. 51. May zitiert hier aus dem Gedicht „Wenn sich zwei Herzen scheiden" von Emanuel Geibel, das mehrfach vertont worden ist und May als Lied bekannt und wert war.

[2] Hedwig Pauler hat Lieder und Gedichte, die in Mays Werk enthalten sind, gesammelt und in drei Sonderheften der Karl-May-Gesellschaft veröffentlicht. Hedwig Pauler: *Deutscher Herzen Liederkranz. Lieder und Gedichte in Karl Mays Kolportageromanen.* Sonderheft der Karl-May-Gesellschaft Nr. 41 (1983). Dies. : *Deutscher Herzen Liederkranz. Lieder und Gedichte im Werk Karl Mays.* Teil II. Sonderheft Nr. 60 (1985). Dies. : [...] Teil III. Sonderheft Nr. 99 (1993). Die drei Hefte sind im Internet einsehbar unter: https://www.karl-may-gesell-schaft.de/kmg/seklit/sokmg/index.htm. Zusammengeführt und ergänzt erschienen sie auch als Band 18 der Reihe „Materialien zur Karl-May-Forschung", herausgegeben von Karl Serden, Ubstadt 1996.

[3] Auch in jüngerer Zeit wurden hier neue Texte entdeckt, vgl. Wolfgang Hermesmeier/ Stefan Schmatz: *Der „Allgemeine Haus-Freund" aus Stolpen oder Neues vom „Reichsboten".* Unbekannte May-Abdrucke *entdeckt (IV).* In: Karl May & Co. Das Karl-May-Magazin. Nr. 96 (2/2004), S. 56–62.

Eigene Gedichte Mays haben in seinen Reiseerzählungen mehrfach eine wichtige Bedeutung für die Handlung:[4] In „*Der Scout*"[5] bedeutet für den anonymen Ich-Erzähler der Zeitungsabdruck des Gedichtes „*Die fürchterlichste Nacht*" eine Spur auf seiner Suche nach dem geistig verwirrten William Ohlert. Mit seinem Gedicht konfrontiert gelangt dieser sogar vorübergehend zu klarem Bewusstsein.

In „*Im ,wilden Westen' Nordamerika's*" stirbt Winnetou unter den Worten: „*Winnetou ist ein Christ. Lebe wohl!*"[6], nachdem ihn das von deutschen Siedlern als Lied vorgetragene May-Gedicht „*Es will das Licht des Tages scheiden*" besonders beeindruckt hatte.

---

[4] Eine Untersuchung des Dichter-Bildes in Karl Mays Werk hat Joachim Biermann vorgelegt: Joachim Biermann: *Ihm sind die Tore anderer Welten offen. Das Bild des Dichters in Karl Mays Werk.* In: Walther Ilmer und Christoph F. Lorenz (Hrsg.): *Exemplarisches zu Karl May.* Verlag Peter Lang, Frankfurt a. M./ Berlin/ Bern/ New York/ Paris/ Wien 1993, S. 153–177.

[5] Karl May: *Der Scout. Reiseerlebniß in Mexico.* In: Deutscher Hausschatz in Wort und Bild. Regensburg/ New York/ Cincinnati. Verlag von Friedrich Pustet. 15. Jg. (1888–1889), Nr. 11–46. Reprint in: *Karl May: Der Scout – Deadly Dust – Ave Maria.* 2. veränderte und erweiterte Auflage, Karl-May-Gesellschaft, Hamburg 1997 [Erstauflage 1977]. Im Internet einsehbar unter: https://www.karl-may-gesellschaft.de/kmg/ primlit/erzaehl/sammlung/der-scout/index.php. Die Erzählung bildete später den Anfang von „*Winnetou der Rote Gentleman. 2. Band.*" Verlag von Friedrich Ernst Fehsenfeld, Freiburg 1893.

[6] *Im „wilden Westen" Nordamerika's. Reiseerlebnisse von Carl May.* In: Feierstunden im häuslichen Kreise. Verlag von Heinrich Theissing, Köln. 9. Jg. 1883, Heft 1–7. Reprint in: Roland Schmid (Hrsg.): *Karl May: Winnetou's Tod. Ein Oelbrand. Im „wilden Westen" Nordamerika's.* Karl-May-Verlag, Bamberg 1976. Die Erzählung bildete später den Schluss von „*Winnetou der Rote Gentleman. 3. Band.*" Verlag von Friedrich Ernst Fehsenfeld, Freiburg 1893.

Durch die Handlung von „*„Weihnacht!"*" zieht sich leitmotivisch Mays Gedicht *„Ich verkünde große Freude"*, das er bereits mehrfach verwendet hatte. Zunächst plante er, die erste Strophe auf den Umschlag drucken zu lassen:

> Diese Strophe nämlich dominirt den ganzen Inhalt, zieht sich wie ein goldener Faden durch das ganze Buch und beherrscht in ergreifender Weise den Schluß desselben.[7]

Dazu kommt es dann allerdings nicht.

Schließlich ist noch der Roman *„Et in terra pax."* bzw. *„Und Friede auf Erden!"*[8] zu nennen, in dem das Gedicht *„Tragt euer Evangelium hinaus"* eine bedeutende Rolle bei der Heilung und Bekehrung des fanatischen Missionars Waller spielt.

*

Der Gedichtband *„Himmelsgedanken"* erschien Ende des Jahres 1900[9] als separater Band außerhalb der „gesammelten Reiseerzählungen".

---

[7] Brief Karl Mays an Friedrich Ernst Fehsenfeld vom 12.08.1897. Faksimilierte Wiedergabe in: Roland Schmid: *Nachwort zur Reprint-Ausgabe.* In: Roland Schmid (Hrsg.): *Am Jenseits. Reiseerzählung von Karl May.* Reprint der ersten Buchausgabe von 1899. Karl-May-Verlag, Bamberg 1984, S. N 7–9.

[8] *Et in terra pax. Reise-Erzählung von Karl May.* In: Joseph Kürschner (Hrsg.): *China. Schilderungen aus Leben und Geschichte, Krieg und Sieg. Ein Denkmal dem Streiten und der Weltpolitik.* Verlag von Hermann Zieger, Leipzig 1901, dritter Teil, Sp. 1–184. Reprint in: Dieter Sudhoff (Hrsg.): *Karl May: Et in terra pax.* Karl-May-Gesellschaft, Hamburg 2001. Der Roman wurde von May erweitert in die Reihe der „gesammelten Reiseerzählungen" aufgenommen: Karl May: *Und Friede auf Erden!* Verlag von Friedrich Ernst Fehsenfeld, Freiburg 1904.

[9] *Himmelsgedanken. Gedichte von Karl May.* Verlag von Friedrich Ernst Fehsenfeld. Freiburg o. J. [1900]. Vgl. Hainer Plaul: *Illustrierte Karl May Bibliographie.* Edition Leipzig, Leipzig 1988, und K. G. Saur, München/London/New York/Paris 1989, Nr. 330, S. 244.

Die erste Auflage des Bandes wurde zu Mays Lebzeiten nicht verkauft. Noch 1918 konnte der Karl-May-Verlag Restbestände weiter verwerten. Die Buchblöcke wurden mit einem neuen Einband sowie einem Reihentitelblatt versehen und als Band 49 der Reihe „Karl May's Gesammelte Werke" angeboten. Erweitert um das Drama *„Babel und Bibel"* erlebte dieser Band in den Jahren 1921 und 1922 noch je eine Auflage. Eine lange Zeit geplante Neukonzeption unter dem Titel „Lichte Höhen" kam erst 1956 unter der Herausgeberschaft Roland Schmids zustande.[10] 1998 brachten Lothar und Bernhard Schmid den Band neu heraus.[11] Dabei wurde unter anderem der Text, der zwischenzeitlich eine Bearbeitung erfahren hatte, wieder an den Wortlaut der ersten Ausgabe angeglichen.

Die Bedingungen, denen die Produktion des vorliegenden Reprints unterlag, haben zu Abweichungen im Vergleich mit der Vorlage geführt: Der Buchblock ist ein wenig größer als der des 8°-Originals, der bedruckte Bereich hat aber seine ursprünglichen Abmessungen beibehalten. Da der Innendeckel nicht

rechts: Deckelvarianten der *„Himmelsgedanken"* in blauem Ganzleinen und schwarzem Ganzleder. Die Scans stellte freundlicherweise Hans Grunert nach Originalen aus dem Besitz des Karl-May-Museums, Radebeul, zur Verfügung.

---

[10] Zu der Werkgeschichte vgl. Wolfgang Hermesmeier und Stefan Schmatz: *Karl-May-Bibliografie 1913–1945.* Karl-May-Verlag, Bamberg/Radebeul 2000, S. 247f.

[11] Lothar und Bernhard Schmid (Hrsg.): *Lichte Höhen. Lyrik und Drama von Karl May.* Karl-May-Verlag, Bamberg/Radebeul 1998 [= Karl May's Gesammelte Werke Band 49].

bedruckt werden konnte, befindet sich nun das Innendeckelmuster vorne eine Doppelseite hinter und hinten eine Doppelseite vor dem Deckel. Der Umschlag ist in Anlehnung an eine Ausführung des Originals gestaltet und hält natürlich als Paperback keinem Vergleich stand. Da der Rücken dünner als der des Originals ausfällt, musste dort eine Änderung vorgenommen werden, die sich am besten unter Zugriff auf die Abbildung auf Seite 371 erschließt. Schließlich fehlt auch der Goldschnitt des Buchblocks.

Eine Ausgabe der „Himmelsgedanken" ohne die Aphorismen veranstaltete 1988 Gerhard Dahne.[12]

*

Ein Großteil der Gedichte und Aphorismen, die der Band „Himmelsgedanken" enthält, sind auf Karl Mays Orientreise entstanden, die er am 26. März 1899 antrat und von der er am 31. Juli 1900 zurückkehrte.[13] May selbst hat die Entstehung eines Gedichtes in seinem Roman „Und Friede auf Erden!", der ebenfalls unter den Eindrücken seiner großen Reise steht, geschildert. Hier berichtet der Ich-Erzähler Karl May, der sich im Orient befindet und durch einen Traum aufgewacht ist:

---

[12] *Himmelsgedanken. Gedichte von Karl May.* Herausgegeben und mit einem Vorwort versehen von Gerhard Dahne. Union Verlag, Berlin [Ost] 1988. Diese Ausgabe gab es auch in einer Ledervariante.

[13] Vgl. Hans Wollschläger/ Ekkehard Bartsch: *Karl Mays Orientreise 1899/1900. Dokumentation.* In: Jahrbuch der Karl-May-Gesellschaft 1971. Hamburg 1971, S. 165–215. Im Internet einsehbar unter: https://www.karl-may-gesellschaft.de/kmg/seklit/jbkmg/1971/ 165.htm

Ich hoffte, bald wieder einzuschlafen, und schloß die Augen wieder zu, mußte aber gleich wieder an den Traum und seine zertrümmerten Tempel und Kirchen denken. Da stieg ein warnendes Wort und noch eins in mir auf; beide gestalteten sich zum Verse, dem sich ein zweiter, dritter und dann auch vierter zugesellte; sie fügten sich zur gereimten, vierzeiligen Strophe zusammen, und ich stand auf, um sie niederzuschreiben. Ich hielt diese Strophe für geeignet, den Anfang eines Gedichtes zu bilden, welches später in meine »Himmelsgedanken« aufgenommen werden konnte. Als ich im Mondscheine die Zeilen auf das Papier geworfen hatte, legte ich mich wieder nieder. Die Nachtluft war nach dem Khamsin des vorigen Tages so erquickend kühl, ein Hochgenuß, den man im Schlaf nicht mehr bewußt genießen kann, und so nahm ich mir vor, zu der aufgezeichneten Strophe noch eine zweite, dritte und vierte zu schreiben. Ich zerlegte den Hauptgedanken in seine Teile und sann über die Verbindung zwischen ihnen nach, um zu einer festen, logisch klaren Disposition zu kommen; aber der unverwüstliche, alte und wohlbekannte Papa Morpheus schien sich aus den Tempeltrümmern meines Traumes heraus- und über mich hergemacht zu haben, und er wurde mit mir eher fertig, als ich mit meiner Disposition. Und er gab mich für dieses Mal nicht eher frei, als bis ein lautes Klopfen an meiner Tür ihn zwang, von mir hinweg und nach Griechenland zu eilen, wo im »hohen Olymp« noch einige unbeschädigte Tempel stehen sollen, welche die Nachwelt als Auszüglerwohnungen oder Altenteil der einst dort Thronenden zu respektieren hat.[14]

In geeigneter Atmosphäre „drängen" sich also dem Dichter die Verse regelrecht auf, die Ratio muss aber dennoch ihren Teil dazu tun, von „Disposition" und „Logik" ist die Rede. Dieses „Werken" wird schließlich dadurch ironisch gebrochen, dass der Dichter darüber einschläft und ausgerechnet ein Vertreter der antiken griechischen Götterwelt dafür verantwortlich gemacht wird, aus der auch Apollon und die Musen der Dichtkunst stammen.

---

[14] Karl May: *Und Friede auf Erden!* a. a. O. S. 49f.

Doch diese Ironie soll nicht darüber hinwegtäuschen, dass Karl May sein Gedichtband viel bedeutete, sah er darin doch geradezu einen Neuanfang seines literarischen Schaffens. Dieses hatte sich bereits in den 90er Jahren deutlich gewandelt. Durch den Erfolg seiner Buchreihe bei Fehsenfeld, die ihm einerseits Anerkennung, andererseits finanzielle Sicherheit brachte, war er nun in der Lage und fühlte sich dazu getrieben, seinen Lesern über die Unterhaltung hinaus in verstärktem Maße Botschaften zu vermitteln.[15] Dies zeigt sich besonders deutlich in „*Am Jenseits*" (1899), in dem die abenteuerliche Handlung oft in den Schatten philosophischer Betrachtungen über den Tod und das Leben nach dem Tod tritt. Dazu kamen dann die Eindrücke seiner Orientreise und der ersten Angriffe in der Presse dahingehend, er sei auch Verfasser von „Schundliteratur".[16]

In einem vielfach zitierten Brief an seinen Verleger Fehsenfeld kommt dies alles zum Ausdruck:

> [...] heut nur ganz kurz ein Manuscripttheil zu „Himmelsgedanken".
> [...]
> Zu Ihrer Orientierung kurz Folgendes:
> Alle meine bisherigen Bände sind <u>nur</u>[17] Einleitung, nur Vorbereitung.
> Was ich eigentlich will, weiß außer mir kein Mensch, auch <u>Sie</u> nicht. Es ist also Unsinn, über mich und meine Werke schon jetzt zu urtheilen, weil jedes jetzige Urtheil später <u>lächerlich</u> erscheinen wird.

---

[15] Ambitionen in diese Richtung hatte May von Beginn seines Schaffens an.

[16] Dieser Vorwurf bezog sich auf die fünf umfangreichen Kolportageromane, die May in den Jahren 1882-1887 – bis auf einen unter Pseudonym – für den Verlag Münchmeyer verfasst hatte.

[17] Im Original dreifach unterstrichen.

Ich trete erst jetzt an meine eigentliche Aufgabe, und zwar mit diesem Gedichtsbande, welcher das Thor zu meinem Tempel bildet. [...][18]

Den Ausdruck „eigentliches Werk" hat May in den folgenden Jahren noch oft verwendet und den Beginn immer weiter nach hinten verschoben.[19]

Wie ernst es May mit den *„Himmelsgedanken"* war, wird auch daran deutlich, dass er mit einem völlig neuen Textbewusstsein[20] mit Argusaugen die Herstellung überwachte:

Lieber Herr Fehsenfeld!

Abermals eine Beschwerde betreffs der „Himmelsgedanken" [...] Die Aphorisme lautet und hat zu lauten, wie ich sie Ihnen hier beilege und wie sie in allen Correcturen und Revisionen gestanden hat.

Nun ist aber noch im letzten Augenblicke der allerdümmste Ihrer Setzer, der sich trotzdem für klüger als May gehalten hat, über diese Aphorisme hergefallen und hat mir grad das herausgenommen, was die Hauptsache war, nämlich die Wiederholung der Worte „wenn es welche gibt ["] [...]

Aber nun kommt die Consequenz:

In meinen nunmehrigen Werken ist jedes Wort, jeder Buchstabe genau überlegt; es muß alles genau so gesetzt werden, wie ich schreibe. Es sind Werke, welche Bahn zu brechen haben. Die kleinste

---

[18] Brief Karl Mays an Friedrich Ernst Fehsenfeld vom 10.09.1900. Faksimilierte Wiedergabe in: Jahrbuch der Karl-May-Gesellschaft 1984, Hamburg 1984, S. 167–170.

[19] Vgl. dazu Hans Wollschläger: *Das „eigentliche Werk". Vorläufige Bemerkungen zu „Ardistan und Dschinnistan" (Materialien zu einer Charakteranalyse III)*. In: Jahrbuch der Karl-May-Gesellschaft 1977, Hamburg 1977, S. 58–80. Im Internet einsehbar unter: https://www.karl-may-gesellschaft.de/kmg/seklit/jbkmg/1977/58.htm

[20] Vgl. Ulrich Schmid: *Das Werk Karl Mays 1895–1905. Erzählstrukturen und editorischer Befund*. KMG-Presse, Ubstadt 1989, S. 171 [= Materialien zur Karl-May-Forschung Band 12, hrsg. von Karl Serden im Auftrag der Karl-May-Gesellschaft]. Im Internet einsehbar unter: https://www.karl-may-gesellschaft.de/kmg/seklit/matkmf/12/index.htm

*Aenderung kann schaden. Ich habe darum Sie und Herrn Krais
gebeten, ja recht treu zu sein.* [...][21]

May hat seine „*Himmelsgedanken*" immer wieder als
Beispiel seines Schaffens verschenkt, ein Zeichen
dafür, dass er zu seinem Werk stand: In einem Brief
an Fehsenfeld bestellte er zu diesem Zweck am
02.08.1902 neben anderen Ausgaben sechs Exemplare
in sein Hamburger Hotel.[22] 1904 schickte er der
Königlichen Bibliothek Dresden einen Band und
kündigte an, seine „gesammelten Reiseerzählungen"
folgen zu lassen, wenn diese mit den neuen Sascha-
Schneider-Titelbildern ausgestattet seien.[23] Der
Münchner Redakteur Franz Josef Völler erhielt 1906
ein Exemplar, zu dem May bemerkte:

> *Ich schicke Ihnen meine „Himmelsgedanken", damit Sie sehen, daß
> ich nicht „verbittert" sein kann, weil ich hoch über dieser Erde doch
> meinen Himmel habe.*[24]

Noch in seiner Autobiographie „*Mein Leben und
Streben*" bezog sich May im Jahre 1910 auf seinen
Gedichtband:

---

[21] Brief Karl Mays an Friedrich Ernst Fehsenfeld vom 17.12.1900.
Auszugsweise wiedergegeben in Ulrich Schmid a. a. O. S. 171.

[22] Auszugsweise Wiedergabe in: Roland Schmid: *Nachwort zur Reprint-
Ausgabe.* In: Roland Schmid (Hrsg.): *Im Reiche des silbernen Löwen. III.
Band. Reiseerzählung von Karl May.* Reprint der ersten Buchausgabe von
1902. Karl-May-Verlag, Bamberg 1984, S. N 6.

[23] Als Faksimile mit Transkription enthalten in: Hans-Dieter Steinmetz:
„*Sehr gern erfülle ich den Wunsch...*". Schenkung Karl Mays an die
Königliche Öffentliche Bibliothek in Dresden. In: Karl-May-Haus-
Information. Heft 6, 1993, S. 15–23. Die Bibliothek wartete allerdings
vergebens auf die restlichen Bände und bat noch 1908 um Erfüllung des
Versprechens.

[24] Brief Karl Mays an Franz Joseph Völler vom 16.09.1906. Transkription
in: Volker Griese (Hrsg.): *Karl-May-Autographika. Materialien aus dem
Autographenarchiv der Karl-May-Gesellschaft.* Heft 3, Dezember 1996,
S. 43f.

O, diese Mutter, diese einzig gute, arme, stille Mutter! Wer da wissen will, wie und was ich noch heut über sie denke, der schlage in meinen „Himmelsgedanken" das Gedicht auf Seite 105 auf. Und das auf Seite 109 bezieht sich auf Großmutter [...][25]

Und acht Tage vor seinem Tod zitierte May in seinem Wiener Vortrag *„Empor ins Reich der Edelmenschen!"* aus den *„Himmelsgedanken"*.[26]

Die künstlerischen Schwächen seiner Gedichte waren May bewusst. Dies zeigen seine Reaktionen auf das Dictum des Chefredakteurs der „Kölnischen Volkszeitung", Hermann Cardauns, als lyrischen Dichter müsse man sich Karl May verbitten[27]. May versuchte die Kritik abzuschmettern, indem er die Aussage seiner Gedichte in den Vordergrund stellte

---

[25] *Mein Leben und Streben. Selbstbiographie von Karl May. Band I.* Verlag von Friedrich Ernst Fehsenfeld, Freiburg 1910, S. 68. Im Internet einsehbar unter: https://www.karl-may-gesellschaft.de/kmg/primlit/bio/leben/reprint/index.php

[26] Vgl. Ekkehard Bartsch: *Karl Mays Wiener Rede. Eine Dokumentation.* In: Jahrbuch der Karl-May-Gesellschaft 1970, Hamburg 1970, (S. 47–80), S. 58 und 64f. Im Internet einsehbar unter: https://www.karl-may-gesellschaft.de/kmg/seklit/jbkmg/1970/47.htm

[27] In einem Zeitungsartikel über Cardauns' Vortrag „Litterarische Kuriosa" heißt es am Ende: „In einer kurzen Schlußbemerkung verzichtete der Vortragende auf eine schriftstellerische und moralische Gesamtcharakteristik May's, dafür sei das Material noch zu lückenhaft und in mancher Beziehung bleibe der Mann ein Rätsel. Aber auch bei der schonendsten Beurteilung sei er als Apostel und Laien-Missionar ebensowenig ernst zu nehmen, wie als Reiseberichterstatter; als Jugendschriftsteller, wie als religiösen Lyriker, als welcher er neuerdings in dem frommen „Himmelsgedanken" auftrete, müsse man ihn sich verbitten. [...]" Tremonia, Dortmund, 08.11.1901. Zitiert nach: Bernhard Kosciuszko: *Im Zentrum der May-Hetze. Die Kölnische Volkszeitung.* KMG-Presse, Ubstadt 1985, S. 82 [= Materialien zur Karl-May-Forschung Band 10, herausgegeben von Karl Serden im Auftrag der Karl-May-Gesellschaft].

und ihre Form als vernachlässigenswert angesehen haben wollte:[28]

> Wenn ich hier von meinen Werken spreche, so meine ich diejenigen meiner Bücher, mit denen sich die Kritik beschäftigt hat oder noch beschäftigt. Diejenigen, über welche die Kritik, ob mit oder ohne Absicht, geschwiegen hat, können auch hier übergangen werden. [...] Ich könnte hierzu auch noch meine »Himmelsgedanken« rechnen, die man nicht erwähnen zu wollen scheint, seit es Herrn Herman [sic!] Cardauns passierte, daß er sich mit ihnen so wundersam blamierte. Er schrieb bekanntlich: „Als lyrischen Dichter aber müssen wir uns ihn verbitten," obgleich sich in dieser ganzen Sammlung nicht ein einziges lyrisches Gedicht befindet![29]

*

Wenn man das Urteil über Karl Mays Lyrik in der Sekundärliteratur[30] zusammenfassen möchte, so lässt sich dazu ein Ausspruch des May-Kritikers Ansgar Pöllmann verwenden, den dieser noch zu Mays Lebzeiten tat:

> Mays Lyrik („Himmelsgedanken") erhebt sich, von ganz wenigen Gedichten abgesehen, nicht über ein dilettantisches Mittelmaß [...][31]

---

[28] Heftig reagierte May zuerst in der anonymen Streitschrift „'Karl May' als Erzieher' und 'Die Wahrheit über Karl May' oder Die Gegner Karl Mays in ihrem eigenen Lichte von einem dankbaren May-Leser". Verlag von Friedrich Ernst Fehsenfeld, Freiburg 1902, S. 44f. Reprint als Band 1 der Reihe „Materialien zur Karl-May-Forschung", herausgegeben von Karl Serden, Ubstadt ²1982. Im Internet einsehbar unter: https://www.karl-may-gesellschaft.de/kmg/primlit/bio/leser/reprint/index.htm

[29] *Mein Leben und Streben* a. a. O. S. 208.

[30] Eine elektronische Sekundärliteratur-Datenbank gibt es auf den Seiten der Karl-May-Gesellschaft unter: http://bibliografie.karl-may-gesellschaft.de/

[31] P. Ansgar Pöllmann: *Karl May und sein Geheimnis*. In: Die Bücherwelt, Bonn, Nr. 8, Mai 1910. Zitiert nach: Hansotto Hatzig/ Gerhard Klussmeier: *Pöllmann versus May – May versus Pöllmann. Dokumente zum Ende einer Kontroverse ohne Schluß*. In: Jahrbuch der Karl-May-

Als erster beschäftigte sich Max Finke in einem Aufsatz mit Karl Mays Lyrik und stellte fest: „Hier lag Mays Stärke nicht."[32] Alfred Biedermann kam zu dem Fazit: „Den Gedichten Karl Mays kommt keine überragende Bedeutung zu."[33], Hans Wollschläger bezeichnete Mays Gedichte als „eine ziemlich leer laufende Reim-Maschinerie, die besser aus dem Verkehr geblieben wäre"[34], und Reinhold Wolff weiß von seiner Begegnung mit dem Band *„Himmels-gedanken"* zu berichten, dass „dessen Lektüre freilich nicht immer Genuß bereitet".[35]

Als Ausnahmen und „wenige winzige Impulse"[36] werden u.a. die Gedichte *„Im Alter"*[37] oder *„Die Berge von Befour"*[38] genannt, Walter Schönthal spricht immerhin von „an die drei bis vier Dutzend Gedichte[n], die es wert sind, in unbearbeiteter

---

Gesellschaft 1982, Hamburg 1982, (S. 245–284), S. 257. Im Internet einsehbar unter: https://www.karl-may-gesellschaft.de/kmg/seklit/jbkmg/1982/245.htm

[32] Max Finke: *Zu Mays Lyrik.* In: Karl-May-Jahrbuch 1926, herausgegeben von Prof. Dr. Ludwig Gurlitt und Dr. E. A. Schmid. Karl-May-Verlag, Radebeul 1926, (S. 316–321), S. 316. Im Internet einsehbar unter: https://www.karl-may-gesellschaft.de/kmg/seklit/kmjb/karl-may-jahrbuch_1926.pdf

[33] Alfred Biedermann: *Ist Karl May Lyriker?* In: Karl-May-Jahrbuch 1926 a. a. O. (S. 322–332) S. 331.

[34] Hans Wollschläger: *Karl May. Grundriß eines gebrochenen Lebens.* Diogenes, Zürich 1976, S. 106.

[35] Reinhold Wolff: *„Ein Schreiber? O jazik, o wehe, und ich habe dich für einen tapfern Beduinen gehalten!" Karl Mays Umgang mit den Dichterstereotypen des 19. Jahrhunderts.* In: Jahrbuch der Karl-May-Gesellschaft 1993, Hamburg 1993, (S. 116–134), S. 129. Im Internet einsehbar unter: https://www.karl-may-gesellschaft.de/kmg/seklit/jbkmg/1993/index.htm

[36] Wollschläger a. a. O.

[37] z.B. von Wollschläger ebd.

[38] Finke a. a. O. S. 321.

Originalfassung einer größeren Leserschaft wieder zugänglich gemacht zu werden."[39]

Jutta Laroche hat versucht, unter dem Hinweis darauf, dass gerade die Rezeption von Gedichten ein sehr persönlicher und von den Umständen der Lektüre abhängiger Vorgang sei, Mays Gedichten etwas abzugewinnen. Auch sie stößt dabei auf Schwächen und versteht „beinahe, wenn seine Gedichte in ‚Bausch und Bogen' verworfen werden."[40]

Zuletzt hat Hartmut Wörner die „Himmelsgedanken" im Hinblick auf die literarische Verarbeitung der Orientreise untersucht und dabei unter anderem die These aufgestellt, May sei hier „noch unterhalb seiner zweifellos beschränkten Möglichkeiten als Lyriker" geblieben. Wörner erklärt die „besonders einfache Form" als von May „(halb-) bewusst eingesetztes literarisches Mittel zur Einhegung einer komplexen inneren Situation".[41]

∗

Ist also die literarische Qualität der Lyrik Mays bis auf wenige Ausnahmen sehr schwach, so ist andererseits aufgrund der Bedeutung, die

---

[39] Walter Schönthal: *Karl May als Lyriker. Plädoyer gegen eine Verdrängung.* Sonderheft der Karl-May-Gesellschaft Nr. 76, Hamburg 1988, S. 4. Im Internet einsehbar unter: https://www.karl-may-gesellschaft.de/kmg/seklit/sokmg/076/index.htm

[40] Jutta Laroche: *„Ich sehe Berge ragen bis in des Lichtes Reich". Karl Mays Gedichte, 1. Teil.* In: Karl May & Co. Das Karl-May-Magazin. Nr. 98 (4/2004), (S. 6–11), S. 9.

[41] Hartmut Wörner: *Zwischen Depression und Aufbruch. Karl Mays Orientreise und sein Gedichtband „Himmelsgedanken".* In: Jahrbuch der Karl-May-Gesellschaft 2017, Husum 2017, (S. 193–222), S. 212.

insbesondere der Band „*Himmelsgedanken*" für Karl May hatte, festzustellen: „Die dokumentarische Pflicht [..] gebietet den Neudruck."[42]

---

[42] So Helmut Schmiedt über das Gedicht „*Der Löwe Sachsens*": Helmut Schmiedt: „*Der Löwe Sachsens*": *ein panegyrisches Gedicht Karl Mays*. In: Jahrbuch der Karl-May-Gesellschaft 1981, Hamburg 1981, (S. 41–63), S. 41. Im Internet einsehbar unter: https://www.karl-may-gesell-schaft.de/kmg/seklit/jbkmg/1981/index.htm